IM ERNSTFALL GIBT ES KEINE KONSTRUKTE

Michael Klonovsky

Im Ernstfall gibt es keine Konstrukte

Seine schönsten Hass- und Schmähreden

Edition Sonderwege

INHALT

VORBEMERKUNG
7

WARUM DIE LINKE »EWIG« IST
Rede zum 30. Jahrestag des Mauerfalls, gehalten am 6. November 2019 auf Einladung der AfD-Bundestagsfraktion
9

WOMÖGLICH IST ES EIN LASTER, DIE WAHRHEIT AUSSPRECHEN ZU WOLLEN
Rede, gehalten am 15. Juni 2019 auf dem Burschentag der Deutschen Burschenschaft zu Eisenach
33

DER DEUTSCHE KONSERVATISMUS MUSS FREIHEITLICHER WERDEN
Rede, gehalten am 17. April 2018 in München auf Einladung der bayerischen AfD
61

WIE »KONSTRUIERT« IST »VOLK«?
Vortrag, gehalten am 30. Juni 2019 auf dem Konservatismus-Kongress der Jungen Alternative Bayern
79

AHASVER IST SESSHAFT GEWORDEN –
UND RECHTS
Rede, gehalten am 27. Februar 2020
auf einem Symposion zum »Israelbild in deutschen Medien«
im Düsseldorfer Landtag
105

RÜCKBLICK AUF DAS JAHR 2019
Rede, gehalten am 18. Dezember 2019
auf der Weihnachtsfeier der AfD-Bundestagsfraktion
123

ICH KOMME AUS DER DDR,
ICH KOMME AUS DER ZUKUNFT!
Rede zum 30. Jahrestag des Mauerfalls,
gehalten am 30. Oktober 2019 auf Einladung
der AfD-Fraktion Rheinland-Pfalz
139

VORBEMERKUNG

Im Leben eines Mannes oder gar Menschen kommt es immer wieder zu Debüts, Premieren, ersten Malen, die wie Wegmarken den Pfad seines sündhaften Erdenwandels säumen. Dazu gehören ganz elementar der erste Kuss sowie das etwas später stattfindende richtige erste Mal; sodann auch, und jenem oft noch vorangehend, der erste Schlag aufs Maul, bei dem es eine so pikante Rolle spielt, ob man ihn ausgeteilt oder empfangen hat; der erste Rausch sowieso, aber auch die erste Festnahme; bei vielen – nicht bei mir! – der erste Zündschlüssel; natürlich das erste mutmaßlich eigene Kind, die erste Scheidung, der erste Goldbarren, die erste Wagner-Oper, der erste Ladendiebstahl.

Aber all diese Debüts sind trivial, fast jeder erlebt sie. Auch die Veröffentlichung des ersten eigenen Buches ist längst ein Vorgang von erschütternder Banalität; das Bonmot, man finde keine Sekretärin mehr, weil alle Kandidatinnen inzwischen Bücher schreiben, ist bereits ein halbes Jahrhundert alt. Aber mit einem Band eigener Reden, politischer zumal, legt ein Mann tatsächlich etwas Exklusives vor. Er zieht praktisch das Gewand eines Ordens an, das vor ihm schon so bedeutende, jedenfalls schillernde Figuren wie Cicero und Ceaucescu, Hitler und Honecker, Kim Il-sung und Mao Tse-tung trugen – von denen immerhin drei keines natürlichen Todes starben und die anderen drei es verdient hätten, was nicht das Schlechteste ist, das sich über sie sagen lässt.

Die hier versammelten Reden haben darüber hinaus eines gemeinsam: Sie sind rechtspopulistischer Oppositionsklimbim – effekthascherisch, da und dort auch pseudointellektuell, vorgetragen mit leicht durchschaubarer antistereotyper Attitüde.

Wer sieht, bei welchen Anlässen und vor welchem Publikum sie gehalten wurden, kann sich nur wundern, dass so etwas auf *YouTube* hunderttausendfach aufgerufen wird und obendrein noch einen Verlag findet. Aber das muss ja nicht so bleiben; Parteien kann man verfassungsschützen, Saalvermieter erpressen, Kanäle löschen und Verlage so sehr stigmatisieren, dass sie zumindest nicht mehr frech auf Buchmessen auftauchen.

Wir gehen großen Zeiten entgegen, und mancher wird sagen können, er sei bis zu seiner Löschung dabeigewesen!

München, im Herbst des Jahres als die
Kanzlerin die Maske vor die Larve zog *Michael Klonovsky*

WARUM DIE LINKE »EWIG« IST

Rede zum 30. Jahrestag des Mauerfalls über die Frage:
»Warum führt das regelmäßige Scheitern linker Utopien
nicht zu deren dauerhafter Delegitimierung?«,
gehalten am 6. November 2019 im Berliner Abgeordnetenhaus
auf Einladung der AfD-Bundestagsfraktion

Meine Damen und Herren, liebe Genossinnen und Genossen,

das Thema meines Vortrags ist sehr ambitioniert, wahrscheinlich überambitioniert. Wüsste ich tatsächlich die definitive Antwort auf diese Frage, dann stünde ich ja nicht hier, sondern ich säße in einem goldenen Pavillon auf dem Petersplatz in Rom oder auf dem Roten Platz in Moskau, und die Menschen würden Geld bezahlen, um einen Blick auf mich werfen zu dürfen.

Andererseits ließe sich die Frage mit einem einzigen Halbsatz beantworten: weil die Welt notwendig unvollkommen, ungerecht und oft auch grausam ist, weil die Reichtümer und Ressourcen der Erde höchst ungleich verteilt sind und sich das niemals ändern wird.

Aber für einen Halbsatz haben Sie mich nicht eingeladen. Ich muss die Dreiviertelstunde vollmachen. Erwarten Sie eher einen erschöpfenden Vortrag als eine erschöpfende Behandlung des Themas.

Das Problem beginnt damit, dass die Linke kein einheitlicher Block ist, weshalb jeder pfiffige Progressist die themensetzende Frage als viel zu pauschal ablehnen würde. Sie kennen das beispielsweise auch vom Islam, den Islam gibt es nicht, sondern nur verschiedene Richtungen, Schulen, Spielarten, Ausprägungen. Gleichwohl sind aus der Perspektive des Nichtmoslems die Gemeinsamkeiten zwischen den Islamen weitaus größer als die Unterschiede. Rotchina und die Sowjetunion waren sich so wenig grün wie Sunniten und Schiiten, doch aus der Perspektive des Westens gehörten sie zum selben Machtblock.

Allen linken Strömungen und Schulen ist immerhin gemeinsam, dass sie antikapitalistisch sind, dass sie staatsgläubig sind, dass sie die Menschen sozialisieren bzw. kollektivieren wollen, und dass sie die Gleichheit aller Menschen und

Menschengruppen als Tatsache dekretieren, obwohl sie nur das utopische Ziel linker Politik ist.

Würde man es sich so einfach machen, wie es der Allerwelts-Linke gemeinhin zu tun pflegt, indem er alle Konservativen als Prä-, Proto-, Krypto-, Neo- oder Quasi-Nazis denunziert, dann könnte man mit dem kanadischen Libertären Stefan Molyneux erklären: »Prokommunistisch zu sein ist ganz einfach ein Test auf Soziopathie. Wenn jemand hört, dass über 100 Millionen abgeschlachtet wurden, und erwidert: ›Ja, aber ...‹ – Bumm. Totaler Soziopath.«

Prokommunistisch zu sein müsste zumindest die Konsequenz nach sich ziehen, dass der- oder diejenige nach Kuba übersiedelt, nach Venezuela oder Nordkorea. Passiert aber praktisch nie. Als der Ostblock noch existierte, ist ja auch kaum ein West-Linker in die DDR oder die UdSSR übergesiedelt. Einer, der es tat, war der Herr Kasner, der Vater einer nicht ungefährlichen Politikerin. Ein anderer war Peter Hacks, der begabteste stalinistische Dichter deutscher Zunge. Nach dem Zusammenbruch der DDR fasste Hacks das Schicksal der SED in die Verse:

»Von zwei Millionen blieben
Kaum eine Handvoll grad,
Es hat sie aufgerieben
Gorbatschows Verrat.«

Bei der Resignation ließ er es aber nicht bewenden. Hacks wollte nicht ohne Verheißung scheiden und notierte deshalb geradezu das Motto für meinen Vortrag:

»Gut, das Jahrtausend war nichts, sprechen wir
Von Nummer drei, Genossen, oder vier.«

Anno 1987, kurz bevor die DDR milde entschlief, erklärte der Ostberliner Dramatiker Heiner Müller in einem Interview:

»In den westlichen Industrienationen geht es jetzt nur noch darum, einen Zustand zu konservieren, der auf Dauer nicht haltbar ist. Was hier passiert, ist die Emanzipation des Kapitals von der Arbeiterklasse. Damit meine ich die Arbeiter aus den ärmeren Ländern. In der BRD sind es die Gastarbeiter, in den ehemaligen Kolonialmächten die Emigranten aus den früheren Kolonien. Europa kann nur noch auf die Folgen der eigenen Politik reagieren. Arbeitslosigkeit, ökonomische Schwierigkeiten, die Probleme mit der Computerisierung, das alles ist doch nicht lösbar ohne eine globale kommunistische Perspektive.«

Der Interviewer fragt: »Gut, aber was geschieht, wenn verwirklicht ist, wonach Sie streben?« Müllers Antwort: »Das wird man sehen.«

Hier haben wir im Grunde alle Ingredienzien der linken Weltsicht beieinander. Zunächst die realistische Diagnose einer Misere, sofort verbunden mit der Schuldzuschreibung, sodann die daraus entstehende Freund-Feind-Konstellation, das Zukunftsversprechen, aber die Verweigerung einer konkreten Auskunft darüber, wie die verheißene neue Ordnung funktionieren soll. Wie Peter Hacks war auch Heiner Müller ein blitzgescheiter Mensch. Er hat mir einmal versichert, er sei kein Kommunist und sei auch nie einer gewesen. Und trotzdem lässt er das Fallbeil der kommunistischen Perspektive auf den Hals des Kapitalismus sausen.

Der slowenische Philosoph Slavoj Žižek ist auch kein Dummkopf. Žižek gilt als eine Art Popstar linker Gesellschaftskritik. Auf die Frage, was nach dem Kapitalismus der Gegenwart kommen soll, erwiderte er: »Natürlich der

Kommunismus, wenn auch ein anderer als der des ausgehenden 20. Jahrhunderts.«

So steht es in der *Zeit* vom 1. Dezember 2011. Im dem Artikel – ein Reporter hatte Žižek auf einer Vortragsreise begleitet – heißt es weiter: »Žižek spricht zu seinem großen Thema: Ideologiekritik der Gegenwart aus marxistischer Perspektive. Die Frage lautet: Wie lässt sich das kommunistische Projekt nach den Katastrophen im 20. Jahrhundert weiterführen?«

Es geht also nur darum, *wie*. Am *dass* scheint kein Zweifel zu bestehen.

Nach der Diagnose von Stefan Molyneux hätten wir es hier mit drei Soziopathen zu tun. Es gibt allerdings noch weit Despektierlicheres für einen Intellektuellen, als Soziopath genannt zu werden, nämlich in einem Atemzug mit Kevin Kühnert genannt zu werden. »Ohne Kollektivierung werden wir den Kapitalismus nicht überwinden«, hat der sogenannte SPD-Hoffnungsträger vor Kurzem gesagt. Deswegen sei er hier als vierter kommunistischer Musketier zu Hacks, Müller und Žižek gestellt.

Aber auch Kevin Kühnert zieht es nicht dorthin, wo der Kommunismus schon durchgesetzt ist. Nicht mal für ein Studien-Sabbatical mag er nach Venezuela migrieren. Warum?

Meine These lautet: Die Linke hat aus dem Zusammenbruch der linken Staaten, der realsozialistischen Staaten, eine Lehre gezogen. Wenn jeder sozialistische Staat der Erde aus wirtschaftlichen Gründen kollabiert, dann gibt es offenbar keine funktionierende linke Wirtschaft. Es gibt ja auch keinen linken Wirtschaftsteil in irgendeiner Zeitung, nicht mal der Wirtschaftsteil des *Süddeutschen Beobachters* ist links. Links sind die Feuilletons. Links sind die Politikredaktionen. Die ins Staatspolitische übertragene Folgerung daraus lautet: Lassen wir den Kapitalismus weiterleben, aber sorgen wir dafür, dass wir die kulturelle Hegemonie haben, dass wir die Öffentlichkeit beherrschen, dass wir den Sozialstaat kontrollieren, dass die Steuern möglichst hoch sind, dass möglichst viel umverteilt wird, wobei natürlich wir diese Geldströme kontrollieren müssen, damit auch möglichst viel in unsere Taschen fließt.

Die Unternehmer müssen gar nicht enteignet werden – diese Leute verstehen sich ja aufs Geschäft viel besser als linke Parteifunktionäre und Feuilletonisten –, es genügt, am Ende der Wertschöpfungskette mit vorgehaltener Moralpistole zu stehen und jeden, der etwas erwirtschaftet und damit Geld verdient hat, im Namen der Gerechtigkeit abzumelken. Beim Melken dürfen die Linken natürlich ein Liedchen trällern, und zwar, nach dem Text von Jürgen Habermas, das Lied von der »radikalreformistischen Selbstkritik einer kapitalistischen Gesellschaft, die in den Formen einer rechts- und sozialstaatlichen Massendemokratie gleichzeitig mit ihren Schwächen auch ihre Stärken entfaltet hat«. Nicht mehr Enteignung, sondern radikalreformistische Kritik. Und dabei immer schön weitermelken. Das technokratische Rotwelsch von Habermas meint: Abschöpfung durch Diskurshegemonie und Mentalitätsherrschaft. Ein Institut am Starnberger See sollte mindestens dabei herausspringen.

Die Linke hat begriffen, dass sie den Kapitalismus nicht stürzen muss, um zu herrschen, was ja übrigens schon ein gewisser Herr Hitler begriffen hatte, in dessen Welt- und vor allem Staatsbild hinreichend viele sozialistische Elemente Eingang fanden. Die heutige Linke will nicht mehr der Widerpart oder Überwinder des Kapitalismus sein, sondern sein Parasit. Das ist das Ergebnis der realsozialistischen Lektion.

Hier ist ein Einschub fällig. Jeder Linke würde jetzt einwenden, dass ja die wenigen Superreichen immer reicher werden und sich immer mehr von den normalen Menschen abkoppeln, vor allem in den USA. Die Plutokratie dort zerstöre die Demokratie. Meine These könne also nicht stimmen.

Meine Damen und Herren, ein Vortrag sollte stringent sein, die Welt ist es nicht. Sie ist verwirrend komplex. Es gibt heute eine bizarre Allianz zwischen globalem Kapital und internationalistischer, multikulturalistischer Linker, weil sie einen gemeinsamen Feind haben, die Völker und Nationen, derzeit vertreten von den Populisten. Das wäre ein Thema für einen gesonderten Vortrag. Meine These bleibt davon unberührt. Sie lautet, dass die Linke sich als Parasit auf eine Gesellschaft setzt, deren Wirtschaft kapitalistisch organisiert ist. Ich behaupte nicht, dass sämtliche Reichen davon betroffen sind. Gerade die Superreichen haben Anwälte, Steueroasen, Finanzdealer und andere Möglichkeiten, ihr Vermögen der Umverteilung zu entziehen. Es sind im Gegenteil die kleinen, stationären Unternehmen, der Mittelstand, die sogenannten Besserverdiener, die zur Kasse gebeten werden.

Meine Damen und Herren, wenn ich hier von Parasiten rede, steht automatisch der Vorwurf im Raum, ich spräche die Sprache des Unmenschen. Deswegen ein kleiner Exkurs.

Der Begriff Parasit stammt vom altgriechischen Wort παράσιτος. Das Präfix παρά bedeutet »bei«, »neben«, auch »gegen«, σιτος wiederum stammt von σιτεῖσθαι, »essen«. Es ist also jemand oder etwas, der oder das bei jemanden gegen dessen Willen mitisst.

In der Biologie bezeichnet Parasitismus den Ressourcenerwerb eines Lebewesens auf Kosten eines anderen, meist größeren Organismus, der als Wirt dient. – Man könnte also sämtliche kapitalismuskritischen Schriften der postkommunistischen Linken als ausgefüllte Bewirtungsformulare betrachten.

Der Parasitismus dient der Steigerung der Fitness des Parasiten, was bisweilen mit einer Verminderung der Fitness des Wirtes einhergeht, jedenfalls dem Wirt eine Forcierung seiner Lebensanstrengungen abverlangt. Das nennt sich in der Politik *Umverteilung*.

Wird dem Wirt kein nachhaltiger Schaden zugefügt, spricht man in der Biologie von *Probiose*, in der Politik von *sozialer Gerechtigkeit*.

Mitunter führt der Parasitenbefall auch zum Tod des Wirtes. In diesem Fall muss der Traum von einem menschlicheren, gerechteren Wirt erneuert werden. –

Parasitismus ist eine biologische Normalität. Aber auf den Menschen angewendet bekommt der Begriff einen üblen Beiklang, der mit dessen sozialdarwinistischer und eugenischer Verwendung zu tun hat – erinnert sei an die »unnützen Esser« bei den Nazis. Ich werde deshalb später einen Ersatzbegriff dafür vorschlagen. Ich gestatte mir aber den Hinweis, dass der Begriff »parasitär« zum Standard-Repertoire der klassischen Linken gehörte.

Lenin statuierte 1916: »Der Imperialismus ist: 1. monopolistischer Kapitalismus; 2. parasitärer oder faulender Kapitalismus; 3. sterbender Kapitalismus.« Im DDR-Staatsbürgerkundeunterricht bekam ich das eingebimst. Jenseits der Mauer faulte und starb also der parasitäre Kapitalismus, und unsereins schaute staunend im Fernsehen der Westwerbung beim Verfaulen zu. Es bereitet mir daher ein gewisses Vergnügen, den Begriff »parasitär« nunmehr gegen die Linke zu kehren, zumal der Kapitalismus der größte Wertschöpfer der gesamten Menschheitsgeschichte ist, während sich die Linke, sofern sie überhaupt etwas produziert, vorwiegend mit der Produktion von Theoriemüllhalden beschäftigt.

Sozialistische Politik ist der Weg, über die Bevormundung Anderer an das Geld der Anderen zu kommen und es mit einem gewissen Mehrwert für die eigene Tasche an seine Klientel zu verteilen. Diese Klientel ist wandelbar; konstant bleibt lediglich, dass die Linke in ihrem Namen Forderungen stellt, denn die Klientel ist unmündig. Das heißt, die Linke muss ständig neue Betreuungskollektive auftreiben. Es begann mit den Proletariern, als deren Anwalt sich die Linke aufspielte, die aber mit dem Kapitalismus besser fuhren, weshalb sich die Linke neue Mündel suchen musste: die Frauen, die Homosexuellen, die Migranten, die Afrikaner, die Flüchtlinge. Mit dem Weltklima hat die Linke inzwischen den ultimativen Mandanten gefunden, einen Mandanten, der sich weder äußern noch davonlaufen kann.

Schade eigentlich, dass man unseren linken Klimarettungs-Sanitätern die Atmosphäre nicht anvertrauen kann, auf dass sie zeigen dürfen, was sie draufhaben. Aber die realsozialistischen Staaten haben es ja schon demonstriert. Es gibt eine eindrucksvolle Karte des Ausstoßes von Schwefeldioxid – im Gegensatz zum Kohlendioxid ein definitiv giftiges Gas – in Deutschland 1989. Die DDR, speziell die Industriegebiete in Sachsen und Thüringen, liegt dort um ein Vielfaches vor der BRD. Ohne den Kapitalismus als Wirtstier bringt die Linke nur Unheil zustande. Johannes Gross hat das in die reizende Sentenz gefasst: Honecker musste 17 Millionen Menschen unterdrücken, um den Lebensstandard eines westdeutschen Handwerksmeisters zu erreichen, der 17 Mitarbeiter beschäftigt.

Deswegen musste die DDR sterben. Aber sie starb nur, um im Westen wieder auferstehen zu können. Ich meine, die DDR hat überlebt, gerade weil sie als Staat verschwunden ist. Was aus Ländern wird, die sozialistische Staaten geblieben sind, können

Sie wie gesagt in Kuba, Venezuela oder Nordkorea studieren: Kollaps der Wirtschaft, Massenarmut, Massenflucht. Gerade die marktwirtschaftliche Frischblutzufuhr hat den Zombie DDR wieder fit gemacht.

Und so konnte es geschehen, dass FDJ-Sekretärinnen in Führungspositionen, Politkommissare, protestantische Staatskirchenpfaffen, Stasi-Spitzel, Kader für die Antifa-Ausbildung, Fachkräfte für Zersetzung, Westlinkenfinanzierer, TV-Moderatorinnen und eine ganze Staatspartei mitsamt ihres verschobenen Vermögens im vereinigten Deutschland überlebten. Die sozialistische Mentalität, die antibürgerliche Mentalität, die Kollektiv- oder Herden-Mentalität, die Mucker- und Maulkorb-Mentalität, die Sozialneid-Mentalität, die Gleichheit über Freiheit stellende Mentalität, all das hat überlebt – und zwar, weil dieser Mentalität im Westen ein großes artverwandtes Soziotop entgegenseufzte. Dreißig Jahre nach dem Zusammenbruch der Ostblock-Staaten fordern rote und grüne Politiker ganz ungerührt die Überwindung des Kapitalismus, Journalisten rufen nach Autofahr-, Fleisch- und Flugverboten. Nochmals: Der entscheidende Wesenszug des Sozialismus besteht darin, dass er die Menschen in seinem Herrschaftsbereich sozialisieren, also ihrer Freiheit und Individualität berauben will. Alles andere ist daneben sekundär.

Ich bin Ihnen aber die Antwort schuldig, warum die Sache so läuft, obwohl gerade das realsozialistische Desaster so offenkundig gewesen ist, dass auch nur die Andeutung eines Comebacks sämtliche Kapitolinischen Gänse in ein aufgeregtes Schnattern versetzen müsste.

Es gibt drei Impulse, von denen die Linke zehrt und wahrscheinlich bis ans Ende aller Tage zehren wird: Der egalitäre oder Gerechtigkeits-Impuls, der anti-chaotische oder Komplexitätsreduzierungs-Impuls, der religiös-utopische Impuls.

Beginnen wir mit dem egalitären Impuls. Er wuchs aus dem uralten Gerechtigkeits-Verlangen, das wohl jede Kultur kennt, wie jede Kultur auch den Rechtsprecher als Hersteller des Rechtsfriedens kennt. »Als Adam grub und Eva spann, wo war denn da der Edelmann?«, lautet ein berühmter Ausspruch des englischen Priesters John Ball aus dem 14. Jahrhundert, der eine Wendung ins Soziale ankündigt. Gerecht bedeutet aber nicht gleich – im Gegenteil, die Forderung nach Gleichheit ist eine Pervertierung der Gerechtigkeit.

Der heutige 08-15-Linke ist von einer tiefen Sucht nach Gleichheit erfüllt. Er möchte, dass die Gesellschaft ihm das zurückerstattet, was die Biologie ihm verweigert hat. Das Postulat der Gleichheit gehört zu den Ideen von 1789, die sich in der gesamten westlichen Welt bis in die letzte Pore der Gesellschaft durchgesetzt haben. Napoleon, der Erbe der Revolution, hat dazu die famose Bemerkung gemacht: »Die Idee der Gleichheit gefiel mir, weil ich mir davon Erhöhung versprach.«

Es handelt sich wohlgemerkt nicht um die Gleichheit vor Gott, die das Christentum in die Welt brachte, oder um die Gleichheit aller Menschen vor dem Gesetz, wie sie Friedrich der Große einführte – die amerikanischen Gründerväter hielten noch Sklaven, als Friedrich den Handel mit Negersklaven zu einer Schande des Menschengeschlechts erklärte –, sondern um soziale Gleichheit. Diese Gleichheit nennt sich aktuell *Chancengleichheit* oder *positive Diskriminierung*.

Die gesamte Geschichte vor 1789 ist vom exakt gegenteiligen Impuls geschrieben worden: dem Trieb, zu herrschen, sich auszuzeichnen, sich hervorzutun, der Reichere, Erfolgreichere, Stärkere, Klügere, Bessere, der Sieger zu sein. Die Idee der

Gleichheit wäre in traditionellen Gesellschaften überhaupt nicht verstanden worden; man hätte ihre Verkünder für Verrückte gehalten. Weder Homer noch Goethe hätten damit etwas anfangen können. Dieser Paradigmenwechsel ist eines der verblüffendsten Ereignisse der Menschheitsgeschichte.

Die Idee der Gleichheit kam in dreierlei Gestalt über die Welt: als Verheißung, als Vorwand, als Lüge.

Heute hält die Lüge – milder formuliert: die erwünschte Illusion – des Egalitarismus die westlichen Gesellschaften so fest im Griff, dass sich sogar Milliardäre, Nobelpreisträger und Olympiasieger zu ihr bekennen, also praktisch ihre wandelnden Dementis. Ich nenne Ihnen dazu vier Beispiele von Tatsachen, die so evident sind, dass man sich jede Erklärung sparen kann.

Erstens: Jeder Mensch besitzt seinen individuellen Rang. Der Rang bezeichnet die Persönlichkeit eines Menschen, die Summe seiner Eigenschaften, seinen Charakter, seine Fähigkeiten, seinen Geist, seinen Stolz, seine Standhaftigkeit. Dieser Rang unterscheidet Menschen stärker voneinander, als es ein Dienstrang je könnte.

Zweitens: Auch ethnische Kollektive unterscheiden sich in ihren Eigenschaften, Talenten und Mentalitäten signifikant voneinander.

Drittens: Zwischen den beiden Geschlechtern existieren fundamentale Unterschiede.

Viertens: Es gibt eine Rangordnung der Kulturen.

Jede dieser Feststellungen ist eigentlich eine Binse. Mit jeder bekommen Sie in der Öffentlichkeit Ärger. An einer westlichen Universität dürfen Sie das nicht einmal denken. Und obwohl unter Hypnose sich wohl kaum ein Mensch zur Gleichheit bekennen würde, ist offiziell alle Welt von ihr überzeugt.

Der historische Sieg egalitärer Wahrheiten in der Moderne bedeutet die massenhafte Verbreitung einer Mentalität, die mit der Massendemokratie ihren adäquaten Staat gefunden hat, in dem sie unangefochten herrscht. Jeder im Westen Lebende – mit Ausnahme der gerade neu Hereingeschneiten – ist in der emanzipatorischen Brühe gegart worden, deshalb ist heute jeder in seinem Menschenbild »links«. Öffentlich dem egalitären Menschenbild zu widersprechen, führt zum sozialen Tod.

Chancengleichheit ist im Wesentlichen die Chance auf einen unendlichen Eroberungsfeldzug mit integriertem Rachefaktor. Es stehen immer neue Rekruten dafür zur Verfügung, allein die Bevölkerung Afrikas wird bis zum Jahrtausendende auf etwa vier Milliarden anwachsen. Wer in wessen Namen Chancengleichheit fordern wird, dürfte klar sein. Wer die Chancen bereitzustellen hat, ebenfalls. Wer sich weigert, ist ein Unmensch. Mit seinem aktuellen Urteil hat das Bundesverfassungsgericht ein Grundrecht aufs Versorgtwerden postuliert, ein Grundeinkommen ist in Deutschland künftig garantiert, und zwar tendenziell für die gesamte zu Tisch geladene Welt. Die Enteignung ist auf Permanenz gestellt.

Zweitens: Der anti-chaotische oder Komplexitätsreduzierungs-Impuls. Menschen sind staatenbildende Wesen. Sie brauchen sozusagen Exoskelette in Gestalt von Strukturen, Organisationen, Institutionen, aber auch von Werten und Moralvorstellungen, um existieren zu können. Der einzelne Mensch ist kaum weniger hilflos und desorientiert wie die einzelne Ameise. Ein Mindestmaß an Ordnung und Sicherheit sowie ein gewisser Zentralismus erscheinen den meisten Menschen natürlich. Dagegen fürchten sie das Chaos und die Anarchie. Genau diesen Eindruck – Unordnung, Unsicherheit, Chaos, Anarchie – erweckt aber die freie Marktwirtschaft. Es bedarf geistiger Anstrengung, um ihre Funktionsweise überhaupt zu verstehen.

Was verspricht der Sozialismus? Frieden, Güte, Harmonie, Teilen, Abgeben, Selbstlosigkeit, Gemeinschaft, das sogenannte Soziale eben, das große Miteinander. Die Gesellschaft als vegetarischer Öko-Bauernhof.

Der Kapitalismus dagegen appelliert an den Egoismus, die Gier, die Profitmaximierung, den Konkurrenzkampf, das große Gegeneinander. Die Gesellschaft als Wildnis. Deshalb sind viele Menschen rein gefühlsmäßig der Ansicht, Sozialismus sei besser als Kapitalismus.

Das Leben in der DDR, aus der ich stamme, war unfrei, ärmlich und piefig, aber geordnet, berechenbar und überschaubar. Der Hofhund muss zwar zeitlebens an der Kette liegen, aber er bemitleidet den Fuchs, weil der sich sein Futter selber suchen und eventuell hungern muss. Es gehört zu den traurigen empirischen Gewissheiten unserer Gattung, dass die Hofhunde in der Mehrzahl sind.

Drittens: Der religiös-utopische Impuls. Er äußert sich im Traum von einer sogenannten menschlichen und gerechten Gesellschaft. Sein Wunschziel besteht darin, mit der berühmten suggestiven Formulierung von Marx, »alle Verhältnisse umzuwerfen, in denen der Mensch ein erniedrigtes, ein geknechtetes, ein verlassenes, ein verächtliches Wesen ist«. Wer würde da nicht unterschreiben! Bezeichnenderweise lässt Marx mit diesen Worten, die praktisch auf eine Säkularisierung der Bergpredigt hinauslaufen, die Kritik der Religion enden. Die Religion war für Marx bekanntlich »das Opium des Volkes«, dafür geschaffen, den Menschen durch Jenseitshoffnungen mit dem miserablen Diesseits zu versöhnen. Das von Marx stattdessen angebotene Heroin sollte dagegen rein innerweltlich wirken. Der Gott des Menschen ist seither der Mensch, zumindest in linken Traktaten und Obama-Reden. Tatsächlich ist der Mensch des Menschen Wolf geblieben. Kein Grund, mit dem Träumen aufzuhören.

Eric Voegelin hat für die Bewegungen des Kommunismus, Faschismus und Nationalsozialismus den Begriff der »politische Religionen« geprägt. Es gibt gute Gründe dafür, den Kommunismus als christliche Häresie und den Nationalsozialismus als kommunistische Häresie zu betrachten, aber das führt hier zu weit. Die realsozialistischen Staaten waren jedenfalls die Gottesstaaten der Atheisten. Wenn religiöse Bewegungen ihr Ziel verfehlen, ist das kein Grund, das Ziel aufzugeben; der Heiland hat ja vorgeführt, dass Scheitern Siegen heißt, wenn man als Erlöser unterwegs ist. Der zahlenmäßig stärkste Verbündete der Linken ist heute keineswegs zufällig ein Protestantismus, der nicht mehr an Gott glaubt und seinen Zerknirschungsfuror innerweltlich ausleben muss.

»Die Revolution wird sich schon morgen ›rasselnd wieder in die Höh' richten‹ und zu eurem Schrecken mit Posaunenklang verkünden: Ich war, ich bin, ich werde sein!«, lauteten die letzten Worte, die Rosa Luxemburg niederschrieb, bevor sie ihren eigenen Golgatha-Weg beschritt. Während für die kommunistische Predigerin noch das Prinzip des *skin in the game* galt, riskieren heutige westliche Intellektuelle nichts, wenn sie sozialistische Ideale verkünden. Sie müssen nicht in den desolaten Systemen leben, die sie selbst propagieren und aus denen viele Menschen flüchten. Sie haben es sich in der freien kapitalistischen Welt bequem eingerichtet. Aber da ist diese verfluchte Lücke, die Gott lässt, die Leerstelle des Sinns, die gefüllt werden muss.

Wie das Paradies wurde inzwischen auch die Hölle säkularisiert, sie heißt jetzt Klimakatastrophe. Die »Fridays for

Future«-Demos sind keine politischen Proteste, sondern religiöse Massenhysterien. Es sind Erweckungsveranstaltungen einer neuen chiliastischen Weltreligion. Der Begriff »Klimaleugner« verrät im Grunde alles. Nur die Öko-Diktatur führt ins Neue Jerusalem. Und der Linksspießer kauft sich den Ablasszettel für seine Flüge und SUV-Fahrten, indem er sein Kreuz bei den Grünen setzt.

Meine Damen und Herren, man findet in revolutionären Bewegungen immer wieder eine Verbindung von religiösen und sozialen Motiven. Ich erinnere an die Wiedertäufer in Münster oder die Hussiten in Böhmen. Der deutsche Bauernkrieg war für die marxistische Geschichtsschreibung ein Meilenstein auf dem Wege zur Emanzipation der Menschheit. Eine geheimnisvolle unterirdische Wasserader führt von Thomas Münzer zur südamerikanischen Befreiungstheologie.

Das führt uns wiederum zu der Frage, wo eigentlich einer der wichtigsten Player der Zukunft, der Islam, politisch steht.

Daniel Cohn-Bendit hat die Attentäter, die 2015 in der Redaktion des Satiremagazins *Charlie Hebdo* ein Blutbad anrichteten, aus einem offenbar tiefverwurzelten Reflex heraus als »Faschisten« bezeichnet. Auch der deutsch-ägyptische Islamkritiker Hamed Abdel-Samad spricht vom »islamischen Faschismus«. George W. Bush brachte nach dem 11. September 2001 einen »Islamo-Faschismus« ins rhetorische Spiel.

Ich halte diese Wortwahl für verfehlt. Der radikale Islam ist eine Kriegserklärung nicht nur an die westliche Welt, ihre Lebensart und ihre Wertvorstellungen im Allgemeinen, sondern auch an die Reste jener bürgerlichen Gesellschaft, die der historische Faschismus gegen den Sturmlauf der radikalen Linken zu retten versuchte. Vor allem stimmt beim radikalen Islam die Richtung der Aggression nicht mit der faschistischen überein. Zwar ist der Islamismus ebenso reaktiv, wie der Faschismus es war (der Begriff des »Antifaschismus« hat das erfolgreich verschleiert), aber der Islamismus kämpft gewissermaßen »von unten«, der Faschismus dagegen »von oben«. Die Islamisten sind eigentlich die Avantgarde eines potentiellen Emanzipationskollektivs, die sich zum Amoklauf entschlossen haben, weil ihnen die Herrenwelt mit allen ihren Regeln und Wertvorstellungen nicht passt oder nicht zugänglich ist. Die Faschisten gehörten dagegen jener Herrenwelt an, und sei es nur als Dienstboten, und wollten sie um jeden Preis verteidigen.

Der radikale Islam ließe sich wahrscheinlich besser als Islamobolschewismus charakterisieren, denn er ist ein Aufstand der historisch Abgehängten, Zukurzgekommenen und dabei zugleich von einer Heilsidee Durchglühten, eine von Kadern geführte Bewegung, die die Massen erfassen und in eine phantastische, vormoderne Märchenwelt hinein emanzipieren oder sogar erlösen will. Sie verheißt die Befreiung des revolutionären, durch die Idee rein gewordenen Kollektivs aus den Banden von Fremdbestimmung und Dekadenz, und sie nimmt tendenziell jeden auf, der bereit ist, ihr beizutreten und das Glaubensbekenntnis zu sprechen. Ihre Vertreter träumen von der Weltrevolution, von der Errichtung einer paradiesischen Globalkommune der Gleichen unterm grünen statt roten Banner. Sie sind die auserwählten Reinen, die mit der bisherigen, abgelebten, durch und durch verdorbenen Welt Schluss machen wollen. Ist der radikale Islam also links?

Hören Sie das folgende Zitat: Erst »die von der kapitalistischen Sklaverei, von den ungezählten Greueln, Brutalitäten, Widersinnigkeiten und Gemeinheiten der kapitalistischen Ausbeutung befreiten Menschen (werden) sich nach und nach gewöhnen, die elementaren, von alters her bekannten und seit Jahrtausenden in allen Vorschriften gepredigten Regeln des gesellschaftlichen Zusammenlebens einzuhalten.«

Hat das Chomeini gesagt oder Bin Laden? Oder doch Lenin? Der Passus steht in »Staat und Revolution«.

Aber der Islam ist doch nicht links! Mit viel besseren Gründen ließe sich argumentieren, dass der Islam eine konservative Revolution will.

Wenn wir auf die Geschichte des Realsozialismus im 20. Jahrhundert zurückblicken, dann fällt auf, dass die kommunistische Ideologie zwar in den entwickelten Ländern formuliert worden ist, aber wirklich an die Herrschaft gelangte sie nur in eher rückständigen Weltgegenden. Die Kommunisten nahmen lediglich für sich in Anspruch, die Avantgarde des Planeten zu sein; tatsächlich wohnten dieser Lehre sehr viele rückschlägige, konservative Elemente inne. Ähnliches gilt übrigens auch für die Revolution der Nationalsozialisten: modernste Mittel, antimoderne Ziele. Walter Benjamin hat den Gedanken in den Raum gestellt, dass Revolutionen nicht zwingend die Lokomotiven der Geschichte sind, wie Karl Marx formulierte, sondern womöglich nur Notbremsungen.

Der politische Islam jedenfalls ist ein Bremsversuch. Der Faschismus war ein Bremsversuch. Wenn man die Rhetorik wegnimmt, stand im Realsozialismus die Zeit so still wie jahrhundertlang im Orient. Aber auch die Grünen sind Bremser, die »Fridays for Future«-Demonstrationen sind Feten des ersehnten Stillstands.

Die Lokomotiven der Menschheit, das sind Techniker, Erfinder, Unternehmer. Die Linke will entweder den Zug stoppen oder sich chauffieren lassen. Sie teilt sich heute in zwei Fraktionen: Bremser und Schwarzfahrer.

Das war der freundliche Ersatzbegriff für »Parasit«, den ich vorschlagen wollte: Schwarzfahrer. Politisch korrekt muss es wohl *Bunter Passagier* heißen.

1990 hatte es den Anschein, als habe der Kollaps des Realsozialismus das endgültige Scheitern der Bremser markiert. Aber möglicherweise beschert uns die Wirklichkeit eines Tages jenen homöostatischen »Kommunismus ohne Wachstum«, wie ihn der, sagen wir mal: Ökostalinist Wolfgang Harich schon 1975 in Reaktion auf den ersten Bericht des *Club of Rome* vorschlug – ich verstand mich mit Harich übrigens gut, er war amüsant, und mir ist ein amüsanter Kommunist lieber als ein langweiliger Grüner.

Der radikale Islam ist also ein nächster großer Versuch, unerwünschte Entwicklungen aufzuhalten. Längst haben seine Aktivisten das ökologische Mäntelchen angelegt, das sie mit den westlichen Linken bündnisfähig macht. Es ist ja egal, ob man die Klimarettung oder die Bewahrung der Schöpfung im Munde führt. Ebenfalls anschlussfähig ist der Universalismus des Islam. Diese Lehre ist ja definitiv nicht rassistisch. Jeder Mensch wird als Moslem geboren, so hat es Allah in seiner Güte und Allbarmherzigkeit beschieden. Mit dem antirassistischen, antinationalen Furor der Linken und der Globalisten wäre der Islam also kompatibel. Wir werden da noch abenteuerliche Allianzen erleben. Deren Vorboten sind auf vereinzelten Demos bereits gesichtet worden.

Die meisten Ingredienzien des Islam sind natürlich nicht mit der Linken vereinbar. Der Islam ist nicht emanzipatorisch, sondern eine Befehlsausgabe. Über die entscheidenden Dinge duldet er keinen Diskurs. Der Islam will keine Weiberherrschaft. Der Islam will keine sexuelle Befreiung und keine 77 Geschlechter. Er will die traditionelle Familie. *Gender* ist gegen Allah, und deshalb ist Allah gegen *Gender*. Allah ist Biologist. Linke und Islamisten werden wahrscheinlich eine Weile zusammen gegen den Staat und gegen »rechts« agieren, der radikale Islam wird ein paar Facetten der linken antiwestlichen und antikapitalistischen Kritik integrieren, danach wird er die Linke in seinem Herrschaftsbereich bekämpfen. Aber viele Linke werden sich dermaleinst die Gelegenheit geregelter Polygamie im Kreise von nunmehr Glaubensbrüdern statt Genossen nicht entgehen lassen.

Meine Damen und Herren, in seiner Weltgeschichte *Historische Existenz* versah Ernst Nolte die Linke mit dem Attribut »ewig«. Wenn sie ewig ist, muss sich ihr Ursprung in der Tiefe der Zeiten verlieren. Aber irgendwo muss der Anfang sein. Irgendeine Frühform der Unterdrückung muss existieren, gegen die die Linke aufbegehren kann. Es mag bei den Neandertalern Konservative gegeben haben, Linke gab es damals wahrscheinlich noch nicht. Lassen wir die Linke ihren Anfang in den antiken Sklavenaufständen nehmen.

Für diese These gibt es prominente Kronzeugen. 1861 schrieb Karl Marx an Friedrich Engels: »Spartacus erscheint als der famoseste Kerl, den die ganze antike Geschichte aufzuweisen hat. Großer General, nobler Charakter, real representative des antiken Proletariats.«

Ein halbes Jahrhundert nach diesen Worten sammelten sich die radikalen Linken innerhalb der SPD um Liebknecht und Luxemburg unter dem Namen »Spartakusgruppe«, aus dieser Gruppe wurde 1918 der »Spartakusbund«, daraus wiederum die Kommunistische Partei Deutschlands. Man wählte den antiken Rebellen als Symbolfigur für den Kampf der sogenannten Arbeiterklasse gegen Imperialismus und Unterdrückung. Sie nahmen ihn als einen der Ihren.

Im historischen Prozess hat die Linke als Katalysator des sozialen Fortschritts eine bedeutende Rolle gespielt. In den Worten Noltes: »Ohne die ständigen Stöße der Linken würden wir heute noch in Kastengesellschaften leben.« Die Linke ist nichts Schlechtes. Die Linke hat die herrschenden Schichten oder Stände oder Klassen gezwungen, gerechter, humaner, sozialer zu werden.

Natürlich kann eine Linke nur Forderungen erheben, die sich von der Gegenseite zumindest theoretisch erfüllen lassen. Spartakus und seine Mitaufständischen wollten von Rom nichts als die Freiheit, die freie Heimkehr in ihre Länder. Sie wollten nicht Teilhabe, Hartz IV, Ehe für alle und freie Geschlechtswahl.

Der Linke in der Revolte gegen die Tyrannei gehört zu den edelsten Erscheinungen der Geschichte. Die Linke hat einen hohen Blutzoll gezahlt. Genau dieser Vergleich freilich macht die gegenwärtige Linke so lächerlich.

Die heutige Linke, »die UNESCO-Linke mit ihrem rührend kindlichen Menschenbild«, wie Günter Maschke sie nannte, die Buntheits- und *No-Borders*-Linke, die *Gender-Diversity*-Linke, die Frauenquoten-Linke, die Klimakatastrophenverhinderungs-Linke, die Afrikarettungs-Linke, die Kein-Bier-für-Nazis-Linke, diese Linke ist ständig auf der Suche nach neuen Missständen, die sie bewirtschaften kann. Inzwischen muss sie die Missstände importieren. Diese Linke ist unersättlich, ihr Appetit erwacht nach jeder Stillung neu. Wie immer ruft sie nach Lenkung der Gesellschaft in ihrem Sinne, aber die Machtfrage stellt sie nicht mehr. Den Grund habe ich genannt. Stattdessen befriedigt sie ihr anti-elitäres Ressentiment mit permanenter Nivellierung, von den Schulen und Universitäten bis zu den Redaktionen, Theatern und Museen. Den Respekt vor der bürgerlichen Hochkultur, der einst zu den vornehmsten Pflichten des Marxisten gehörte, kennt sie nicht mehr. Ihr kulturelles Zerstörungswerk verbindet sie mit gesinnungspolizeilicher Bespitzelung. Der Verfall der restbürgerlichen Gesellschaft kann ihr gar nicht schnell genug gehen.

Wahrscheinlich ist Parasit doch die bessere Beschreibung als Schwarzfahrer.

Am aktuellen Beispiel der *Identity Politics* lässt sich die unstillbare Forderungsdynamik dieser aggressiven Wohlmeinenden gut studieren. Obwohl in den vergangenen 50 Jahren die Frauen, die Schwarzen und anderen nichtweißen Ethnien, die Homosexuellen und auch die sexuell nicht ganz eindeutig Festgelegten in der westlichen Welt rechtlich in jeder Hinsicht gleichgestellt und gesellschaftlich akzeptiert, ja hofiert wurden, belehrt uns ein Blick eine beliebige amerikanische Universität, dass Rassismus, Sexismus und Diskriminierungen aller Art offenbar noch nie so extrem waren wie heute. Es ist wie mit dem Feinstaub: Je niedrigere Grenzwerte man festlegt und je genauer man misst, desto schlimmer wird es, auch wenn die gemessenen Werte ständig sinken.

Ich muss hier abbrechen. Es gibt zuletzt eine frohe Botschaft. War die Existenz linker Bewegungen jahrhundertelang ein Zeichen dafür, dass es vielen Menschen zu schlecht ging, ist die Linke heute das Indiz dafür, dass es vielen Menschen zu gut geht. Und da der vorhin von mir herbeimetapherte, von den drei Lokomotiven Kapitalismus, Schöpfergeist und Technik gezogene Menschheitszug trotz aller Bremsversuche und mit allen Schwarzfahrern und Blinden Passagieren an Bord weiter rollen wird, wird wohl auch die Linke bei uns sein bis an das Ende der Welt.

WOMÖGLICH IST ES EIN LASTER, DIE WAHRHEIT AUSSPRECHEN ZU WOLLEN

Rede zur Lage der Meinungsfreiheit in Deutschland, gehalten am 15. Juni 2019 auf dem Burschentag der Deutschen Burschenschaft zu Eisenach

Ich bin gebeten worden, heute zu Ihnen über den Zustand der Meinungsfreiheit zu sprechen. Um die Meinungsfreiheit in Deutschland steht es schlecht. Sawsan Chebli ist auf *Twitter* vorübergehend gesperrt worden. Kevin Kühnert wurde für seine Idee kritisiert, den Kommunismus wiederzubeleben, während die AfD unbehelligt vom Vierten Reich träumen darf. Mehr ist dazu nicht zu sagen. Ich danke für Ihre Aufmerksamkeit.

Meine Damen und Herren, irgendwann Mitte der 70er Jahre, ich war damals dreizehn oder vierzehn Jahre alt, gewährte der Präsident der Akademie der Pädagogischen Wissenschaften der DDR, Professor Neuner, Mitglied des Zentralkomitees der SED, meiner Schulklasse eine Art Privat-Audienz, weil nämlich sein Töchterlein in diese meine Klasse ging. Die Sache fand in einem Konferenzraum der Akademie statt, und der Genosse Präsident erklärte, wir könnten ihn fragen, was wir wollten, niemandem werde eine Frage übelgenommen, und er werde versuchen, alles zu beantworten. Haben wir ihn also gefragt, warum wir nicht reisen dürfen, wie lange die Mauer noch stehen wird, warum ausgerechnet in einem Land, wo der Staatschef Dachdecker ist, so viele Dächer undicht sind, warum die Versorgung mit Früchten so miserabel und die mit Büchern so lückenhaft ist? Also nach den wirklich mit Händen zu greifenden Übeln? Natürlich nicht. Meine Mitschüler fragten belangloses regimekonformes Zeug, das ich *en detail* noch am selben Tag vergessen habe. Mir selber brannte eine Frage auf der Zunge, ich hätte mich zu gern nach dem Verbleib einer Rockband erkundigt, deren Musik ich damals sehr mochte und die quasi von einem Tag auf den anderen aus der sozialistischen Öffentlichkeit verschwunden war. Der Buschfunk sagte, sie sei verboten worden. In meinem Kopf rumorte die Frage: Stimmt es, dass die Klaus-Renft-Combo verboten worden ist? Und warum? Ich musste nur den Arm heben und sie stellen, der Herr Präsident hatte schließlich versichert, es gäbe keine Tabus. Der Arm blieb unten. Die Feigheit behielt die Oberhand. Beziehungsweise die Klugheit.

Klugheit? Das ist Definitionsfrage. Meine Lieblingsdefinition von feiger Klugheit oder kluger Feigheit ist anekdotisch folgendermaßen fixiert: Stalin mochte es bekanntlich, wenn sich seine Paladine bis spät in die Nacht betranken und er sie dabei beobachten konnte. Eines Abends forderte er Chruschtschow auf, er möge für die Versammelten tanzen, und Chruschtschow tanzte wie ein Derwisch, machte sich also, wie man heute formulieren würde, zum Affen. Tags darauf fragte ihn Mikojan, warum er nicht Nein gesagt habe. Chruschtschow erwiderte: »Wenn der Genosse Stalin sagt: tanze, dann tanzt ein kluger Mann.«

Bei anderer Gelegenheit war ich nicht unbedingt mutiger, aber unvorsichtiger. Ich befand mich abends auf dem Heimweg, in Begleitung eines Klassenkameraden. Als wir an unserer Schule vorbeiliefen, die große, fensterlose Wand des Hortgebäudes sahen und einen frisch gelieferten Haufen Briketts daneben, hatten wir beide denselben Gedanken, nämlich dass die kahle Wand einer gewissen Verzierung bedürftig sei. Wir kletterten über den Zaun auf den Schulhof, mein Freund griff sich ein Kohlestück und schrieb einen Spottvers auf den Schuldirektor an die Wand. Das schien mir irgendwie nicht anstößig genug, also setzte ich daneben den Satz: »Wir wollen Meinungsfreiheit!«

Tags darauf war die Aufregung groß und die Stasi in der Schule. Doch, gepriesen sei Allah, niemand hatte unser sinistres Treiben am Vorabend beobachtet, und alle Ermittlungen verliefen im Sande.

Zwei typische DDR-Geschichten, doch beide könnten leicht variiert auch im Deutschland der Gegenwart spielen. Wenn ich die Fragerunden der Kanzlerin mit sorgfältig vorsortierten Bürgern sehe, muss ich an mein Schweigen vor dem SED-Professor denken. Auch heute sind alle Fragen selbstverständlich erlaubt – die Konsequenzen sind Ihre Sache. Ein Schüler, der heute »Es lebe die AfD!« oder »Grenzen schließen!« an eine Schulwand schriebe, bekäme erhebliche Scherereien. »Greta for President!« oder »Refugees welcome« wäre dagegen unproblematisch, ja löblich, und wenn der Schuldirektor monierte, man könne doch nicht einfach die Wände beschmieren, ließe er sich leicht mit der Frage in die Enge treiben, ob er etwas gegen Flüchtlinge oder Klimaschutz habe.

Zu meinem zweiten DDR-Anekdötchen passt die folgende Fabel aus der Bundesrepublik.

Am Abend des 28. Januar 2018 stellte sich die Hamburgerin Uta Ogilvie mit einem Pappschild an den Jungfernstieg, auf dem geschrieben stand »Merkel muss weg!«. Sie wollte damit gegen die Energiepolitik der Kanzlerin und die Preisgabe der Landesgrenzen demonstrieren. Ihre Aktion fand Zuspruch. Bei einer zweiten, diesmal angemeldeten Demonstration versammelten sich eine Woche später etwa 60 Teilnehmer mit »Merkel muss weg«-Schildern friedlich am selben Ort.

Alles andere als friedlich waren die Reaktionen der Hamburger Antifa und Linksschickeria. Dort wurde die Order ausgegeben, ein für den darauffolgenden Montag angekündigtes *da capo* des »Merkel muss weg«-Frevels müsse verhindert werden. Die Hamburger Presse startete eine Kampagne gegen die Merkel-Gegner. Morddrohungen gingen bei Uta Ogilvie ein. In der Nacht vom 11. auf den 12. Februar schlich sich ein Trupp mutiger den-Anfängen-Wehrer zum Privathaus der Familie und zerstach die Reifen der beiden dort stehenden Pkw, um die CO2-Bilanz der Hansestadt zu verbessern. Die Hauswand wurde mit Farbbeuteln beworfen und mit Parolen beschmiert. Ein schwerer Glasbehälter, gefüllt mit einer stinkenden Flüssigkeit, durchschlug die Fensterscheibe des Kinderzimmers. Dort schliefen zwei kleine Kinder. Nur ein Denkzettel für den Fascho-Nachwuchs. Der finanzielle Schaden des antifaschistischen Hausbesuchs beläuft sich auf 55 000 Euro.

Tags darauf werden Polizei, Vermieter, Versicherung und Pressevertreter im Haus vorstellig. Die Eltern von Uta Ogilvie reisen aus dem Rheinland an, um der bedrängten Tochter Beistand zu leisten. Für den Abend ist die Demonstration angemeldet. Uta Ogilvie beschließt, trotz allem hinzugehen, es ist ja ihre Demonstration. Der Vater, 79-jährig, will die Tochter nicht allein gehen lassen und begleitet sie ins Stadtzentrum. Ein Fähnlein couragierter Linker stellt sich dem alten Mann und der zierlichen Frau entgegen, entreißt ihnen das Schild und attackiert sie, bis die Polizei die Hilferufe hört und einschreitet.

Juvenile Stasitypen in Zivil, die sich auf jeden stürzten, der ein Transparent entfaltete, und es dem Frevler entrissen: Das war übrigens ein typisches Bild bei den Demonstrationen in den letzten Tagen der DDR.

Fassen wir zusammen: Es gab Angriffe auf einen 79 Jahre alten Mann, eine Frau und ihre Kinder, Sachbeschädigungen mit enormer krimineller Energie sowie über Tage anhaltende Drohungen, und all das wegen der Forderung, die Regierungschefin solle ihr Amt niederlegen. All das fand statt im angeblich besten Deutschland, das es je gab, in einem Staat, dessen Wortführer sich Putin, Orbán und Trump moralisch überlegen fühlen. Aber kein Öffentlichkeitsvertreter oder politisch Verantwortlicher empörte sich über die Terrorisierung einer Frau, die ihre Grundrechte wahrnahm – die Empörung galt stattdessen den regierungsfeindlichen Zusammenrottungen –, kein Zeter war zu hören und erst recht kein Mordio.

Die Wahrheits- und Qualitätspresse berichtete in allenfalls einsilbiger Distanziertheit. Wer in der Suchmaske von *Spiegel online* »Uta Ogilvie« eingibt, erhält: 0 Treffer. Beim *Stern*: 0 Treffer. Bei der *Zeit*: 1 Treffer – eine allgemeine Story über die »Merkel-muss-weg«-Demonstrationen, anderthalb Monate nach den beschriebenen Vorfällen, versteckt hinter der Bezahlschranke. Die drei großen »linksliberalen« Hamburger Zeitungen haben ihre Leser über die Regierungskritikerin Ogilvie ungefähr so informiert wie die DDR-Medien ihre Leser über das Verschwinden der Klaus-Renft-Combo.

Merke: Die Macht der Presse besteht in dem, was sie verschweigt – aber auch darin, was sie skandalisiert und was nicht.

Uta Ogilvie gab auf. Sie hatte Angst um die Sicherheit ihrer Familie.

Sie wissen, wie es weiterging, dass die Hamburger Montagsdemonstrationen nicht endeten, trotz der zivilcouragierten Front aus linker Gewaltszene, rot-grünem Senat und Lokalpresse, die sich gegen die Querulanten gebildet hatte. Bei der Demonstration am 19. März, auf der Matthias Matussek, ein langjähriger, viel zu spät entlassener Mitarbeiter des *Spiegel* auftrat, griffen schneidige Antifaschisten einen sich nach getaner Hetze wieder nach Hause stehlenden Staatsfeind von hinten an, schlugen ihn zu Boden und traten dem bereits Bewusstlosen gegen den Kopf. Faschismus ist keine Meinung, sondern ein Verbrechen. Das lebensgefährlich verletzte Opfer bekam auf der Intensivstation die Gelegenheit, über diesen Satz zu meditieren. Lief in den öffentlich-rechtlichen Medien eine Sondersendung nach der anderen, die sich mit den mutmaßlichen Tätern und ihren Sympathisanten beschäftigte? Ach was. Es bestand kein öffentliches Interesse.

Die Hamburger Montagsdemonstrationen illustrieren den Unterschied zwischen den Systemen DDR und BRD, zwischen Realsozialismus und einer semisozialistischen Erziehungsdemokratur – Alexis de Tocqueville hat ihn schon vor über 150 Jahren beschrieben –: In der DDR wurde die Opposition vom Staat schikaniert, in der Bundesrepublik kommen die Schikanen primär aus der Gesellschaft. Noch schützt immerhin die Staatsgewalt die Opposition vor dem Hass, der ihr entgegenschlägt. Anders als im Realsozialismus werden Oppositionelle nicht mehr eingesperrt, sondern gesellschaftlich isoliert, ganz wie Tocqueville es in seiner Schrift über die Demokratie in Amerika vorausgesagt hatte. Niemand hat die Absicht, eine Opposition zu verbieten.

Ganze 18 Prozent der Deutschen haben das Gefühl, sie könnten sich im öffentlichen Raum so frei äußern wie unter Freunden. Zu diesem Ergebnis kam vor wenigen Wochen eine Umfrage des Allensbach-Institutes im Auftrag der *FAZ*. Ich bin der Letzte, der Umfragen irgendeine Dignität beimisst und sie wie heilige Schriften liest; diese Katechese möge Politikern vorbehalten bleiben. Solchen Erhebungen wohnt immer ein manipulativer Zauber inne, weil der Experimentator das Experiment mehr oder weniger beeinflusst. Ich will diese Umfrage nur kommentarlos in den Raum stellen. 59 Prozent der von Allensbach Interviewten gaben an, sie könnten sich nur unter Freunden offen äußern. Das heißt im Umkehrschluss, dass mehr als jeder Dritte nicht einmal im trauten Kreise ausspricht, was er denkt. Als besonders heikel gelten der Umfrage zufolge die Themen Flüchtlinge und Islam. Wer hätte das gedacht!

Jetzt folgt üblicherweise das große Aber aus dem Munde der Reschkes, Prantls und Restles: Aber Sie können doch alles sagen und drucken lassen, was Sie wollen. Ein Sarrazin ist mit seinen angeblich verbotenen Thesen sogar Bestseller-Autor geworden. *Tichys Einblick*, die *Junge Freiheit* und *Cato* erscheinen völlig unbeanstandet. Uwe Tellkamp darf weiter auftreten. Sogar ein Akif Pirinçci kann sich noch öffentlich äußern. Oder, um einen aktuellen Fall zu exemplifizieren: Der merkelkritisch-AfD-nahe Leipziger Maler Axel Krause darf seine Bilder ausstellen, keiner verbrennt sie; wenn Galerien und Kollegen sich nicht mit und neben ihm zeigen wollen, ist das freilich ihr gutes Recht. In Deutschland herrscht Meinungsfreiheit!

Das ist Propaganda. Wenn du überlegen musst, welche Folgen dein Gebrauch von dieser Freiheit haben wird, herrscht sie nicht. Wenn du als Konsequenz deines Freiheitsgebrauchs mit Diskriminierung bis hin zum Berufsverbot rechnen musst, obwohl du kein Gesetz verletzt hast, gibt es keine Meinungsfreiheit. Thilo Sarrazin ist heute gesellschaftlich geächtet; außerhalb privater konservativer Zirkel darf niemand es wagen, ihn einzuladen, ohne dass der Schatten der Ketzerei auf ihn selber fiele. Inwieweit seine Millioneneinnahmen den Gesinnungsdelinquenten damit aussöhnen, ist Mentalitäts- und Privatsache, aber der Fall Sarrazin ist keinesfalls das Paradebeispiel dafür, dass in Deutschland Meinungsfreiheit herrscht, sondern demonstriert genau das Gegenteil. Mit Norbert Bolz gesprochen: Meinungsfreiheit heißt nicht, dass du deine Meinung äußern kannst, sondern dass du sie angstfrei äußern kannst. *Tertium non datur.*

Die Gegenseite sieht das anders und wirft speziell der AfD vor, sie »stilisiere sich als Opfer«. Nur weil AfD-Abgeordnete und AfD-Büros häufiger attackiert werden, als das Angehörigen und Etablissements der anderen Parteien widerfährt. Aber noch nie ist jemand dabei zu Tode gekommen. Auch die Zahl der Verletzten ist denkbar niedrig. Die AfD instrumentalisiert solche Vorfälle. Die Gegenseite spricht dann von Mimimi.

Die Gegenseite – das sind diejenigen, die wirklich im Sturm stehen, die unter Stickoxiden und Leistungsdruck in Mathematik zu leiden haben, die gegen enorme Widerstände Trigger-Warnungen für Seminare durchsetzen müssen, die praktisch in jedem Augenblick von einem Griff ans Knie traumatisiert werden können und sich oft über ihr Geschlecht im Unklaren befinden. Die Protagonisten dieser Gegenseite würden es locker wegstecken, wenn man bloß ihre Häuser beschmierte und Büros angriffe, wenn ihre Kinder, sofern vorhanden, in der Schule gemobbt würden, wenn sie aus Gesinnungsgründen ihre Jobs verlören, wenn sie auf dem Wohnungsmarkt diskriminiert und von Kirchentagen ausgeladen würden, sich nirgendwo ohne große Polizeiaufgebote versammeln könnten – ich breche hier ab.

»Solange die AfD und ihre Repräsentanten mit hetzerischen Äußerungen versuchen, das Land zu spalten, mit rückwärtsgewandten Vorstellungen eine andere Gesellschaft zu schaffen und sich nicht von Extremisten in ihren Reihen absetzen, muss sie es sich gefallen lassen, dafür verantwortlich gemacht zu werden.« Schrieb mir einmal eine Leserin. Dieses prachtvoll gute Gewissen! –

Anfrage an Radio Jerewan: Ist es wahr, dass in Moskau eine Demonstration von Putin-Gegnern durch staatlich geförderte gewaltbereite Blockierer verhindert wurde und die Polizei zusah? Und stimmt es, dass in Chabarowsk der Bürgermeister erklärt hat, es sei »völlig klar, dass alle im Föderationskreis zusammenstehen«, wenn regierungskritische Demonstranten die Stadt für ihre Propaganda missbrauchen?

Antwort: Im Prinzip ja, nur handelt es sich bei den Städten nicht um Moskau und Chabarowsk, sondern um Berlin und Kandel. –

Jedenfalls sind die Meinungsfreiheit und ihre Einschränkung für die Linken oder die Grünen und vor allem auch für die Bundesregierung kein Thema, sofern man nicht Putin oder Orbán vorwerfen kann, dass sie die Freiheiten ihrer Bürger bzw. Untertanen beschneiden. Oder kann sich jemand an irgendein grundstürzendes Bekenntnis zur Meinungs- oder Demonstrationsfreiheit aus Merkels minniglichem Mundwerk erinnern? Wenn der Begriff überhaupt fällt, dann sprechen diese Edlen vom Missbrauch solcher Freiheiten durch die schlimmen Rechten, von Hass und Hetze, die immer nur von rechts kommen, und rufen nach Zensur.

Der Vizepräsident des deutschen PEN-Zentrums – PEN steht für *Poets, Essayists, Novelists,* und die Selbstbeschreibung dieser Truppe hebt an mit der Bekundung: »Das PEN-Zentrum Deutschland tritt ein für die Freiheit des Wortes« – der Vizepräsident des deutschen PEN-Zentrums also, ein Reisejournalist namens Ralf Nestmeyer – offenbar hat man keinen *Poet, Essayist or Novelist* für den Job gefunden –, dieser Gevatter Nestmeyer hat im Interview mit der *Deutschen Welle* erklärt, er sehe »auch in Deutschland eine Tendenz, dass die Meinungsfreiheit bedroht ist«, und zwar dadurch, dass die Rechtspopulisten zu eifrig Gebrauch von ihr machen.

Ich muss diesen Fatzke ein bisschen zitieren, es ist gar zu verlockend:

»Die Freiheit des Wortes ist ganz wichtig für den PEN. Es steht auch in der PEN-Charta, dass wir als Mitglieder uns immer dafür einsetzen wollen. Wir versuchen, Offenheit zu schaffen und ein möglichst breites Diskussionsspektrum zu ermöglichen.«

Ein paar Antworten später: »Der PEN sieht keine Veranlassung für eine direkte Interaktion mit der Neuen Rechten. Wir wollen nicht in einen Dialog treten, weil deren Agitation nicht des Dialogs würdig ist.«

Denn: »Nahezu alle, wenn nicht sogar alle Positionen der AfD sind ohnehin untragbar. Da finde ich es eigentlich obsolet, sich noch einmal konstruktiv mit ihnen auseinanderzusetzen. Es würde eh nichts bringen.«

Stattdessen könne »man nur immer wieder darauf hinweisen, dass wir in Deutschland glücklicherweise eine ganz tolle Medienlandschaft haben, und dass ganz viele Berichte in renommierten Tageszeitungen sehr weit weg sind von sogenannten Fake News. (...) Da kann es immer mal wieder einen kleinen Ausrutscher geben – siehe der Fall Relotius beim *Spiegel* –, aber das ist dann im Promillebereich. Normalerweise wird hervorragend recherchiert, und dafür kann man allen Journalisten in diesem Land auch nur danken.«

Meine Damen und Herren, ich trage Ihnen dieses Exempel von konformistischem Kretinismus nur vor, um Sie auf ein Leitmotiv einzustimmen, ohne das zumindest meine Haltung zu diesem Land, zu seinem politisch-medialen Personal, zu seinen opportunistischen Eliten und Öffentlichkeitsarbeitern nicht verstehbar ist: den Ekel.

Ich bin ein Mensch, der Karl Eduard von Schnitzler noch live erleben durfte, doch diese SED-Kreatur kommt mir inzwischen beinahe prätentiös vor, verglichen beispielsweise mit einer Journalistin des *Süddeutschen Beobachters*, die über den Ausschluss des Malers Axel Krause von der Leipziger Jahresausstellung schrieb:

»Muss man sich jetzt die Mühe machen und – nur weil der Maler rechte Thesen drischt – mit aller Interpretationsgewalt auf ein eher belangloses Werk losgehen? Es vergleichen mit all den Landschaften und Porträts, die bei faschistischen oder nationalsozialistischen Malern hoch im Kurs standen (...)? Die etwas lahmen Werke von Krause taugen eher nicht zur Debatte, schon seit Jahrzehnten nicht. (...) Die Absagen der Kollegen haben nichts mit Zensur zu tun (...). Dass Künstler sich weigern können, mit ihren Werken den Malereien von Axel Krause als Kulisse zu dienen, eben darin besteht die Freiheit der Kunst.«

Am Beispiel dieser sekundären Goebbels-Adeptin, die *en passant* einen ihr oder der Chefredaktion politisch nicht genehmen Künstler für einen schlechten Künstler erklärt, lässt sich gut ein manipulatives Vorgehen studieren, das neudeutsch *Framing* heißt. *Framing* bedeutet, den politisch Missliebigen in einen stigmatisierenden Rahmen zu rücken. Das geschieht etwa, wenn ein *Spiegel online*-Kolumnist Zeitgenossen, die den menschengemachten Klimawandel bestreiten, in einem Atemzug mit Leuten nennt, die die Kugelgestalt der Erde leugnen (ich hatte mich an dieser Stelle ursprünglich vertippt und *Atenzug* geschrieben; das passt auch). In einem solchen *Frame* finden sich Rechtspopulisten und Neonazis, AfD-Wähler und Rassisten so notorisch wie *nolens volens* zusammengepfercht. Solche Gruppenzuschreibungen bringen eine lässliche Klassifikation mit einer kontaminierten zusammen, um die eine mit der anderen zu vergiften. Es handelt sich um Dumping-Syllogismen des Zeitgeistes, billig, aber bei ständiger Wiederholung wirkungsvoll: Was Krause malt, stand schon bei den Nazis im Kurs; Krause fabriziert Nazikunst. Die gymnasialen Plattköpfe, die vor kurzem gegen die allzu schweren Mathematik-Prüfungsaufgaben fürs Abitur protestierten, hätten vielleicht darauf insistieren sollen, dass schon die Nazis die Mathematik benutzt haben.

Aber, wird die Gegenseite wieder rufen, sogar Sachsens SPD-Kulturministerin Eva-Maria Stange habe die Ausladung des

Malers kritisiert. »Es geht nicht, dass Menschen wegen ihrer politischen Haltung stigmatisiert und gesellschaftlich ausgeschlossen werden. Die AfD ist eine demokratisch gewählte Partei«, sagte Stange. In Deutschland herrscht doch Pluralismus!

Nein. Die Ministerin sagt etwas, das völlig selbstverständlich ist. Der angebliche Pluralismus zerfällt in Stigmatisierung und formelle Kritik der Stigmatisierung. Krause bleibt ausgeladen, Krause bleibt »umstritten«. Die Einschüchterung wird ihre Wirkung tun. Das Links-Rechts-Gefälle bleibt bestehen.

Vermutlich lässt sich heute in den tonangebenden Milieus nicht einmal Einigkeit darüber herstellen, dass Meinungs-, Versammlungs-, Presse- und Kunstfreiheit überhaupt Grundpfeiler der westlichen Zivilisation sind, zumindest nicht ohne ein einschränkendes Aber. Das war einmal anders, als sich die Linke noch in der Opposition befand. Damals machten die Bürgerlichen den Fehler, der Linken gegenüber allzu tolerant zu sein – übrigens machen sie den gleichen Fehler derzeit den Islamfunktionären gegenüber. Ich meine damit keineswegs, dass es falsch gewesen sei, linke Positionen zu tolerieren, statt sie zu verfolgen – ich bin überhaupt gegen jede Verfolgung von Ansichten –, sondern dass man die Linken ins bürgerliche Boot geholt hat, aus falsch verstandener Toleranz, um großzügig, offen und modern zu erscheinen – vielleicht auch ein bisschen aus Gründen, aus denen die spanischen Monarchen sich Hofzwerge hielten. Jede bürgerliche Zeitung zum Beispiel hatte irgendwann ihre rote Zelle, meistens im Feuilleton, nie im Wirtschaftsteil. Das Problem mit den Linken besteht darin, dass sie, wenn sie sich in der Opposition befinden, sagen: Wir wollen doch nur mitspielen. Aber wenn sie herrschen, sagen sie: Mit Rechten spielen wir nicht. Wobei als rechts dann praktisch alles gilt, was nicht links ist. Die Linken sind besser organisiert und halten stärker zusammen als die Konservativen, sie gehen strategisch vor, und sie haben nicht das geringste Verständnis für andere Meinungen. So mussten die Konservativen schließlich erkennen, dass sie ihre Feinde eingemeindet hatten, um von ihnen vor die Wahl gestellt zu werden: Spielt künftig nach unseren Regeln, oder wir exkommunizieren euch. Da wir unter Deutschen sind, zumindest einstweilen noch, liegt das Verhältnis von Opportunisten zu Oppositionellen optimistisch geschätzt bei etwa 20 zu 1. Die Konservativen passten sich an. Wer heute die *FAZ* betrachtet, hospitiert diesem Prozess im finalen Stadium.

Es liegt im Wesen der *Conditio humana*, dass Meinungsfreiheit nirgends herrschen kann. Immer werden die Herrschenden versuchen, diese Freiheit einzudämmen und zugleich den Massen vorzuflunkern, die wahre Freiheit bestünde darin, im Korridor des Erlaubten am drastischsten zu sprechen. Auf das aktuelle Deutschland bezogen fiele diese Funktion dann TV-Kaspern wie Welke und Böhmermann zu. Sehr schön kann man die Große Freiheit des konformistischen sich-gegenseitig-Überbrüllens mit der von den rotgrünen Gouvernanten zertifizierten Ansicht auch bei den *Spiegel online*-Kolumnisten studieren.

Es liegen noch andere, stichhaltige Gründe dafür vor, dass Meinungsfreiheit nie und nirgends wirklich walten kann. Die guten Sitten und die Manieren zum Beispiel. Wenn die Maas'sche Internetzensur den Kollateralnutzen zur Folge hätte, dass sich Rechte gewählter ausdrücken, wäre das doch ein Gewinn. Wenn Termini wie »Invasoren« oder »Rapefugees« als Hetze gelöscht werden, was sie zu ca. 50 Prozent wohl auch sind, muss man sich als Internet-Hetzer eben blumigere, euphemistischere, für dumme Algorithmen undurchschaubarere Formulierungen ausdenken, das verbessert den Stil und hält den Geist wach. Ich schreibe beispielsweise gern vom »Gold aus den Schiffen«. Ich muss freilich zugeben: Es ist schwierig, die Contenance zu wahren, wenn die Regierung von einem verlangt, dass man den Kakao auch noch trinkt, durch den sie einen zieht.

Vergangene Woche wurde ich von Bekannten darauf aufmerksam gemacht, dass man einen *Facebook*-Eintrag von mir als Hassrede markiert hat. Der fragliche Beitrag wurde von *Facebook* gelöscht. Ich fand das verwunderlich, weil ich meine Facebookseite vor über einem Jahr geschlossen habe. Der als Hassrede stigmatisierte Text ist zwei Jahre alt. Die nimmermüden Spitzel-Algorithmen – ich nehme mal an, dass es keine arbeitslosen linken Geisteswissenschaftler waren – säubern das Netz jetzt also sogar rückwirkend. Ich muss Ihnen den Text zitieren, damit Sie die Größe und Herrlichkeit dieses Aufbruchs ins kontrollierte Internet ermessen können. Er lautete:

»Eines muss man den meisten, ich sage jetzt mal cum grano salis und ohne die geringste diskriminierende Intention ›Kanaken‹ lassen: Sie glauben weder daran, dass es drei oder sieben oder siebenmal sieben Geschlechter gibt und ihr eigenes nur ein Konstrukt ist, noch daran, dass ihre Flatulenz zur globalen Erwärmung beiträgt oder dass sie der Dritten Welt irgendetwas schulden, was sie sich dort nie geliehen haben; sie möchten nicht via Quote mehr Frauen in Führungspositionen bringen noch ihre Kinder über die Sexualpraktiken von LSBTI-Menschen frühaufklären lassen, sie essen bedenkenlos Fleisch, pfeifen auf die Schuld ihrer Vorfahren an der Sklaverei, und Vielfalt heißt für sie, zwischen einem BMW und einem Audi wählen zu können.«

Und diese Sympathieerklärung firmiert nun unter Hassrede? Wenn es Algorithmen waren, die darauf verfielen, dann hat wahrscheinlich der Terminus »Kanake« den blinden Alarm ausgelöst. Oder sind doch wider Erwarten Figuren vom Schlage der Kahane tätig geworden? In beiden Fällen zeichnet sich eine Zukunft ab, die von DDR-artiger Zensur geprägt ist, freilich in einer flächendeckenden Vollendung, die den alten Stasi-Kämpen Tränen in die Augen treiben dürfte.

Ich sagte, es sei logisch, dass Meinungsfreiheit nirgends herrschen könne. Allerdings ist sie garantiert, im GG. Art 5. (1), wo es bekanntlich heißt: »Jeder hat das Recht, seine Meinung in Wort, Schrift und Bild frei zu äußern und zu verbreiten und sich aus allgemein zugänglichen Quellen ungehindert zu unterrichten. (…) Eine Zensur findet nicht statt.«

Paragraph 130 StGB schränkt freilich ein: »Eine Geldstrafe oder eine Freiheitsstrafe bis zu drei Jahren kann über denjenigen verhängt werden, der in einer Weise, die geeignet ist, den öffentlichen Frieden zu stören, gegen eine nationale, rassische, religiöse oder durch ihre ethnische Herkunft bestimmte Gruppe, gegen Teile der Bevölkerung oder gegen einen Einzelnen wegen seiner Zugehörigkeit zu einer vorbezeichneten Gruppe oder zu einem Teil der Bevölkerung zum Hass aufstachelt, zu Gewalt- oder Willkürmaßnahmen auffordert oder die Menschenwürde anderer dadurch angreift, dass er eine vorbezeichnete Gruppe oder einen Einzelnen wegen seiner Zugehörigkeit zu einer vorbezeichneten Gruppe beschimpft, böswillig verächtlich macht oder verleumdet« etcetera pp.

Das nennt man einen Gummiparagraphen, und Gummiparagraphen haben die Eigenschaft, dass sie sich sehr weit, aber eben auch sehr eng auslegen lassen, sofern eine Regierung und ein Zeitgeist dies wünschen. Gerade aus der Unterstellung, jemand beschimpfe eine Gruppe, kann eine elastische Justiz sehr unelastische Stricke drehen.

Der sogenannte Antirassismus soll die Gesellschaft auf die Frontverläufe und Tabus der Zukunft einstimmen. Um nicht missverstanden zu werden: Rassismus ist empörend. Aber unsere Linken haben aus diesem Vorwurf eine ideologische Waffe und einen nach Belieben dehnbaren Plapperbegriff gemacht. Man kann das Wort nicht mehr ernstlich verwenden. *Echter* Rassismus hat mit der pauschalen *Abwertung* von Menschen wegen ihrer Rasse zu tun, nicht mit der *Erwähnung ihrer Gruppenzugehörigkeit*. Es ist rassistisch zu sagen: Schwarz ist schlecht (oder: Weiß ist schlecht). Die Antirassisten wollen uns aber einreden, es sei bereits rassistisch zu sagen, dass Schwarz Schwarz ist. Ein jeglicher Unterschied zwischen ethnischen Kollektiven soll geleugnet werden, bei Strafe des Rassismusvorwurfs und der gesellschaftlichen Exkommunikation.

Jeder weiß, jeder sieht, jeder erfährt täglich, dass es signifikante Unterschiede zwischen Völkern, Nationen, Rassen, ethnisch-kulturellen Kollektiven gibt – gottseidank übrigens, *vive la différence*! Sogar zwischen so eng verwandten Kollektiven wie den Deutschen und den Franzosen bestehen gewaltige mentale Unterschiede, die man derzeit an der Bewegung der Gelbwesten studieren kann, die unbeirrt von extremer Polizeigewalt gegen die Regierung Macron protestieren, wie Franzosen eben alle 30, 40 Jahre eine Revolution veranstalten müssen, während die staatsfrommen Deutschen der Übergeschnappten im Kanzleramt willig in den energiepolitischen, migrationspolitischen, wirtschaftspolitischen und finanzpolitischen Kollaps folgen und brav sämtliche Nerobefehle ausführen, ob sie nun der Zerstörung der Energieversorgung, der inneren Sicherheit, des Wohnungsmarktes, der Rentensysteme, der Automobilindustrie, der Landesverteidigung und nicht zuletzt der deutschen Sprache gelten.

Doch wer immer diese evidenten Unterschiede zwischen Gruppen, Ethnien, Völkern wahrnimmt, blickt nach dem Beschluss der Antirassisten mit Rassistenaugen in die Welt. Jede kollektive Zuschreibung soll Rassismus sein. Das gilt keineswegs nur für abwertende Beschreibungen. Die Feststellung, dass Ostasiaten fleißig, intelligent und aufstiegsorientiert sind, soll nach neuer kanonischer Lesart ebenfalls rassistisch sein.

Aber Gott ist Biologist. Die Wirklichkeit ist »rassistisch«. Also muss sie bekämpft werden. Der heutige Antirassismus kämpft nicht mehr um gleiche Rechte, sondern gegen die Wirklichkeit. Wir sollen künftig im Reich der Lüge leben und unseren Augen so wenig trauen wie unseren Erfahrungen. Wir sollen, um ein Beispiel zu nehmen, uns schämen, wenn wir darauf hinweisen, ja wenn uns auch nur auffällt, dass ein Vergewaltiger einer bestimmten Gruppe entstammt – ausgenommen, es handelt sich um einen weißen Mann oder Hollywood-Produzenten, dann ist jede Art Hexenjagd geboten –, wir sollen darauf dressiert werden, dass die Erwähnung der Ethnie des Täters verwerflicher ist als die Tat selbst. Ein Statistiker, der einen empirischen Zusammenhang zwischen ethnisch-kultureller Prägung der Täter und ihren Taten feststellt, soll sich fragen, ob er nicht rassistischen Mustern folgt und eine moralisch anrüchige Person ist. Für einen Polizisten, der den Erkenntnissen des *racial profiling* folgt, weil sich das in seinem Job bewährt hat und mit seiner praktischen Erfahrung korreliert, gilt dasselbe. Und ein Richter, der darüber zu befinden hat, ob ein Vergewaltiger mit dem berühmten existenzveredelnden Hintergrund abgeschoben wird, soll guten Gewissens entscheiden: Nein, denn der Schwerenöter gefährdet dann ja die Frauen in seinem Heimatland, und es ist doch einerlei, ob er eine deutsche oder, sagen wir, eine somalische Frau vergewaltigt. (Es gab einen solchen Richterspruch in Schweden.) Wo alle Menschen wirklich gleich sind, ist jeder ein Rassist, der noch ethnisch-kulturelle Unterschiede wahrnimmt. Im Satansreich der Lüge ist das Gedankenverbrechen des Unterschiedemachens schlimmer als eine Gewalttat.

Dieses Ressentiment trägt in Übersee, seinem Geburtsort, den Namen *Identity politics* und breitet sich derzeit im gesamten Westen aus. *Identity politics* bedeutet: Nur kollektive Identitäten zählen. Das Individuum gilt nichts. Nur als Angehöriger einer Gruppe kannst du in ihrem Namen sprechen. Aber nie als Individuum. Das ähnelt verblüffend der islamischen Welt. Auch dort ist das Individuum – politisch gesprochen: der Bürger – keine relevante Größe. Nur die *Umma* zählt. Es gibt auch Parallelen zur völkischen Rechten, über deren Zahl und Relevanz mir keine belastbaren Statistiken vorliegen. Kulturmarxismus, Islam, völkische Rechte: das sind alles antibürgerliche, anti-individualistische Soziotope.

Ich sagte, für die Identitätsbesessenen zählten nur kollektive Identitäten. Aber du darfst diese kollektiven Identitäten nicht ethnisch-kulturell positiv definieren – es gibt ja keine Unterschiede! –, sondern lediglich als kollektive Benachteiligung einklagen. Die einzige Gruppe, die nichts einklagen darf, weil sie ja das Privilegierten- und Unterdrückerkollektiv bildet, ist der weiße Mann. »It's okay to be white«, hieß eine T-Shirt- und Aufkleberkampagne der amerikanischen Rechten, die sogar im australischen Parlament behandelt wurde, das mit großer Mehrheit übereinkam, es handle sich um einen rassistischen Slogan weißer Suprematisten. Milo Yiannopoulos hat gesagt, man könne *Identity politics* nicht mit *Identity politics* bekämpfen: »You shouldn't give a shit about skin-colour, you shouldn't give a shit about sexuality, you shouldn't give a shit about gender, but you should be deeply suspicious of the people who do.«

Wahrscheinlich hat er Recht. Man soll nicht Weiß gegen Schwarz, Mann gegen Frau, Hetero gegen Homo setzen, sondern den Bürger gegen den Sozialisten, den Zivilisierten gegen den Barbaren, das Individuum gegen die Herde.

Ich könnte jetzt endlos weiter räsonieren über totalitäre Tendenzen in unserer sich für wunder wie frei haltenden Weltgegend, über die Aufhebung der Privatheit – es braucht dafür nicht das Strache-Video, erinnern Sie sich an den Nazi-Geburtstag von Matthias Matussek –, über die drohende Abschaffung von Ironie und Satire als Stilmittel, weil weder Ruprecht Polenz noch die *Facebook*-Algorithmen sie verstehen, über die Initiativen der Kulturschaffenden zu Nutz und Frommen der Staatsführung, über die Rückkehr des Spitzels als Held der Zivilgesellschaft, über die gespenstische Macht von Plattformen wie *Google, Facebook* und *Twitter,* die darüber befinden können, ob jemand virtuell existiert oder nicht. Aber dafür haben wir keine Zeit.

Bei der Weltklimareligion als nächster Eskalationsstufe des Gesinnungsterrorismus muss ich freilich kurz verweilen. Nach dem Dritten Stand, dem Proletarier, der Frau, den Homosexuellen, der Dritten Welt und dem Migranten hat die Linke endlich das ultimative Rettungssubjekt gefunden, das Klima. Es geht ums Ganze. Widerspruch ist Leugnung. Der Gesinnungsdruck innerhalb der »Fridays for Future«-Bewegung ist enorm. Wer nicht mitschwänzt, wird als Unhold betrachtet, dem die Zukunft des Planeten gleichgültig ist. Ansonsten gelten die üblichen Regeln der Politischen Korrektheit: Es gibt die greifbar nahe ideale Welt und den Störer, der eliminiert werden muss, weil er ihrem Erreichen im Wege steht.

Das Phänomen Greta ist ein PR-Coup erster Güte, soviel muss man den Globalgrünen zubilligen. Die Rechten und die CDU stehen staunend daneben. Die Sache lässt sich durch und durch ideologisch an, aber es geht primär um Geld. Die Energiewende ist bereits ein Riesengeschäft, wo Steuermilliarden via EEG-Umlage aus dem Portemonnaie der Aldi-Kassiererin in die Taschen der subventionierten Betreiber von Windrädern und Solarparks umgeleitet werden. Aber mit der Weltklimarettung beginnt die ganz große Gaunerei. Der Vizedirektor des *Potsdam-Institut* für Klimafolgenforschung, Ottmar Edenhofer, hat im Interview mit der *Stuttgarter Zeitung* am, aufgemerkt, 17. September 2010 erklärt: »Wir verteilen durch die Klimapolitik de facto das Weltvermögen um.« Hier werden ganz dicke Bretter gebohrt. Das närrische Schwedenmädel ist nur ein Maskottchen. Auch hinter der Willkommenshysterie standen und stehen pekuniäre Interessen. Zwei Millionen neue Kunden, die aus Steuermitteln mit Wohnungen, Turnschuhen, Händis und neuen Gebissen versorgt werden. Allein für den medizinisch-industriellen Komplex war das ein Riesengeschäft, auf Kosten der deutschen Steuerzahler, denen zugleich ein gewaltiges schlechtes Gewissen verabfolgt wird, sollten sie sich aus Eigennutz der diebischen Willkommensmafia entgegenstellen.

Es ist nicht schön, wenn pekuniäre Beweggründe zur Gesinnungshatz führen, aber immerhin nachvollziehbarer und nicht ganz so irre wie eine rein ideologisch oder religiös motivierte Erweckungsbewegung. Natürlich vermischen sich dabei Kalkül und Hysterie beziehungsweise wird die Hysterie vom Kalkül instrumentalisiert. Der Gedanke führt ins Politische. Man muss auf politischem Wege an die Geldströme herankommen, sie umleiten und auch kappen. Das ist viel wichtiger, als mit der Gegenseite zu diskutieren oder sich über Ausgrenzung und Ungerechtigkeit zu beklagen. Donald Trump hat das begriffen. Auch Herr Kurz, meines Wissens der einzige aktuelle

Steuersenker in Westeuropa, hat es begriffen. Diskurse bleiben fruchtlos. Wer mit Agenten der Willkommenskultur oder der Klimarettung redet, merkt schnell, dass sie fanatisch sind und jeden Widerspruch für Teufelei halten. Sie denken nicht im Traum daran, ihren Standpunkt zur Disposition zu stellen; ein einflussreicher Teil lebt überdies davon. Debattieren hilft hier nicht weiter, man muss ihnen das Geld wegnehmen. Das heißt, man muss regieren.

Den vor- und metapolitischen Raum von den Medien bis zu den Universitäten hat die Linke noch dichter mit ihren Lautsprechern zugestellt als das Energiewende-Syndikat ehedem reizvolle deutsche Landschaften mit Windrädern. Dort ist für Rechte, Konservative und Libertäre wenig zu gewinnen. Aber in Görlitz könnte erstmals ein AfD-Politiker Bürgermeister werden. Darum allein geht es: Ministerien. Einfluss. Macht. Der Kampf um Meinungs-, Demonstrations- oder Kunstfreiheit ist nur ein Nebenkriegsschauplatz. Aber wenn erst einmal ein konservativer Minister die Subventionen für den verfassungswidrigen »Kampf gegen rechts« und all die linksgrüngefinkelten Propagandaschauen striche, die hierzulande als Kultur verkauft werden, käme Bewegung in die versteinerten Verhältnisse. Nicht verbieten, nicht denunzieren, nicht verfolgen – all das ist dem Bürgerlichen zutiefst fremd. Es genügt, diese Leute nicht mehr zu alimentieren.

Donald Trump gibt ein exzellentes Beispiel. Er hat sich nicht eine Sekunde davon irritieren lassen, dass die gesamte öffentliche Meinung der westlichen Welt gegen ihn war. Er hat sich von einzelnen Richtersprüchen gegen seine politischen Entscheidungen nicht düpieren lassen. Er zieht seine Politik einfach durch. Er hat ja die Macht. Er braucht keinen Applaus von den Wortführern.

Wie sich inzwischen herumgesprochen hat, sind amerikanische Elite-Unis Orte, an denen die Freiheit des Wortes ungefähr so viel gilt wie bei den Taliban. Es war eine geniale und zutiefst symbolhafte Aktion des Präsidenten, ein Dekret über die Redefreiheit an den Universitäten anzukündigen – ich weiß nicht, ob es schon erlassen ist – und deren staatliche Finanzierung daran zu knüpfen. Auf einer deutschen akademischen Webseite las ich die Überschrift: »Trump will Universitäten zur Redefreiheit zwingen«. Dieser Donald ist schon ein schlimmer Finger.

Die tendenziell, also langfristig größte Bedrohung der Meinungsfreiheit – und nicht nur dieser – geht allerdings wahrscheinlich vom Islam aus. Es ist naiv, den Islam als eine Religion zu betrachten, die eben gemäß westlicher Tradition inzwischen Privatsache zu sein hat, denn die *Umma* kennt den privaten Glauben gar nicht. Der Islam ist ein verbindlicher, von Gott gesetzter Verhaltensvorschriftenkatalog, in dem Begriffe wie Individualität oder Meinungsfreiheit überhaupt nicht vorkommen. Islamkritiker oder Islam-Aussteiger können davon Zeugnis ablegen. Nirgends, wo der Islam herrscht, sind die bürgerlichen Freiheiten garantiert, sie stehen allesamt unter Scharia-Vorbehalt, kein muslimisches Land ist ein Rechtsstaat – also in unserem Sinne, die islamischen Rechtsgelehrten mögen anderer Ansicht sein. Politiker, Intellektuelle und andere interessierte Kreise, die heute einen Euro-Islam herbeiphantasieren, der sich vom orientalischen Islam grundlegend durch seine Rechtsstaatstreue unterscheidet, erinnern an mittelalterliche Alchemisten, die auch allerlei wundersame Verwandlungen in Angriff nahmen, aber an deren Verwirklichung regelmäßig scheiterten.

Die Schizophrenie des deutschen Staates besteht darin, dass er einerseits Personenschutz für Islamkritiker aufbietet, zugleich aber immer neue Glaubensfanatiker einwandern lässt – analog dazu, wie der deutsche Staat AfD-Veranstaltungen vor Linksextremisten schützt, aber dieses aggressive Milieu nicht wirklich bekämpft. Was natürlich mit dessen Unterstützern und klammheimlichen Sympathisanten in Politik und Medien zusammenhängt.

Wenn hierzulande der Politikwechsel nicht eintritt, für den stellvertretend der Name Trump steht, wenn der Staatssozialismus und die Ausplünderung der Bürger weiter zunehmen und zugleich die Alimentierung von Migranten ohne Gegenleistung als Köder für die nächsten Wanderströme fortgesetzt wird, dann wird Deutschland ein fabelhafter Nährboden für die weitere Ausbreitung dieses kollektivistischen orientalischen Glaubenssystems sein. Dann wird dieses Land wohl dem Szenario folgen, das der großartige Michel Houellebecq in seinem Roman *Unterwerfung* geschildert hat.

Das ist übrigens der Grund, warum ich in meinen Ausführungen zwei eng miteinander verwandte momentane Hauptakteure der Meinungsfreiheitsbeschneidung fortgelassen habe: den Feminismus und den Gender-Okkultismus. Um die Zukunft dieser modischen Plagen muss man sich keine Gedanken machen, das werden die Muslime ganz allein abräumen. Ich sah unlängst ein Video, auf dem Muslime in Birmingham gegen den Sexualkundeunterricht demonstrierten, und einer der Protestler, kernige bärtige 90 Kilogramm konstruierter Männlichkeit, rief ins Mikrofon, zwei Väter und zwei Mütter oder ein Junge im Mädchenkörper und umgekehrt, das sei alles gegen Allah, das sei mit dem Islam nicht zu machen, und, jetzt kommt's: »First God created man and then he created woman for man's pleasure.« Wenn diese beiden Fraktionen einmal direkt aufeinanderprallen, kann sich unsereins entspannt zurücklehnen. Freilich: Einer wird gewinnen – ich nehme Wetten an, wer –, und das bedeutet nichts Gutes für die Freiheit. Wer wird sie verteidigen? Unsere derzeitigen Wortführer gewiss nicht. Schon heute ist ihre Feigheit gegenüber dem wirklich drohfähigen Kollektiv grenzenlos – was, nebenbei, ihren aggressiven Gratismut im Kampf gegen »rechts« erklärt. Wie unsere Wortführer und Funktionseliten beschaffen sind, werden sie sich, wenn es hart auf hart kommt, für die Konversion entscheiden. Und mal unter uns: Den passenden Bart hat der Prantl-Heribert schon, und fünfmal am Tag Rückengymnastik, das würde der alten Molluske nur guttun.

Zum Schluss noch eine persönliche Bemerkung. Henry Louis Mencken, einer meiner Hausheiligen, hat geschrieben: »Ich kenne kein menschliches Recht, das auch nur im entferntesten der Bedeutung des einfachen Rechts, die Wahrheit zu suchen und sie zu äußern, gleichkäme. Deshalb kann ich in einem demokratischen Staate immer nur ein unbeteiligter Bürger sein; denn die Demokratie beruht auf dem Bedürfnis subalterner Individuen, sich in großen Massen zusammenzurotten; ihre einzige Artikulationsform ist der erbitterte Widerstand gegen freie Gedanken.«

Aber was, wenn der frei gefasste Gedanke falsch ist und der freie Einzelne sich im Irrtum befindet? Ich kann in diesem Punkte nur eine ästhetische Position einnehmen, was mir die Entscheidung geradezu frevlerisch leicht macht. Meine Maxime lautet: Lieber im Unrecht als in irgendeiner Meute. Wer hätte niemals Unrecht? Die Meute aber ist immer abstoßend.

Daraus ergibt sich freilich ein Folgeproblem, auch und gerade in Gesellschaften wie der unseren. Der Einzelne sieht sich nämlich irgendwann vor die Alternativen Karriere oder Freiheit, Anerkennung oder Stigmatisierung gestellt. Ich habe immer die kompromisslosen Geister bewundert, die auf Geld und Anerkennung verzichteten, aber bei Lichte und aus der Nähe besehen ist es auch ein bisschen töricht.

Mitunter ist mir diskret versichert worden: Sie mit Ihren unbestreitbaren Talenten, Sie hätten doch hier die Preise, Posten und Stipendien nur so abräumen können. Aber ich habe nie herausgefunden aus meinem plebejischem Bedürfnis zu sagen, was ich denke. Womöglich ist das Bedürfnis, auszusprechen, was man für die Wahrheit hält, ein Laster. Aber ich habe nur dieses eine Leben, und ich möchte es, bei aller generellen Sympathie für diesen Berufsstand, ich möchte es nicht als Hure verbringen.

DER DEUTSCHE KONSERVATISMUS MUSS FREIHEITLICHER WERDEN

Die deutsche Kultur ist nicht für die Ewigkeit geschaffen, kümmern wir uns um die Zivilisation.
Rede, ursprünglich unter dem Motto »Zukunft braucht Wurzeln« gehalten am 17. April 2018 auf Einladung der bayerischen AfD

Meine Damen und Herren,

Heinrich von Kleist hat einen großartigen Text geschrieben: »Über die allmähliche Verfertigung der Gedanken beim Reden«. Ein vergleichbares Prinzip gilt für die allmähliche Verfertigung der Gedanken beim Schreiben. Dieser Vortrag stand ursprünglich unter dem Motto: »Zukunft braucht Wurzeln«, doch bei der Niederschrift wurde mir ein Gedanke immer klarer, nämlich dass diese Wurzeln zunehmend zur Privatsache werden.

Das heißt, der Charakter meiner Darlegung ändert sich ein wenig. Ich werde zu Ihnen darüber sprechen, wer oder was an diesen Wurzeln herumschneidet und wie man als Konservativer damit umgehen könnte. Aber ich will auch darüber sprechen, wie man als Konservativer, falls die Gesellschaft sich wirklich von ihren Traditionswurzeln abtrennt, gewissermaßen freiheitliche Luftwurzeln schlagen kann.

Konservativ zu sein, heißt zunächst einmal, die Maximen zu beherzigen, die Gottfried Benn in seiner Prosaskizze »Der Ptolemäer« niedergeschrieben hat:

»Erkenne die Lage! Rechne mit deinen Defekten! Gehe von deinen Beständen aus, nicht von deinen Parolen!«

Das ist, am Rande bemerkt, das genaue Gegenteil von dem, was die Oberste deutsche Heeresleitung ab 1917 getan hat, was Hitler ab 1939 veranstaltet hat, was Merkel seit spätestens 2015 tut. Wir sind offensichtlich Angehörige eines irrationalen, auf eine gefährliche Weise romantischen Volkes, das in den vergangenen 100 Jahren dreimal seine Bestände seinen Parolen geopfert hat. Beim ersten Mal waren die Konservativen beteiligt, das nur am Rande.

Erkenne die Lage. Wie ist sie?

Der heutige Welttag ist den Konservativen nicht günstig, sofern sie sich im Sinne des *conservare,* des Bewahrens verstehen.

Die Klüfte zwischen den Generationen sind breiter und tiefer denn je, und zwar nicht, weil die jüngere Generation gegen die ältere rebelliert – das tat sie schon weit heftiger –, sondern weil durch die technische Entwicklung und all jene Prozesse, die man unter Globalisierung zusammenfasst, die Folgegeneration jener ihrer Eltern immer unähnlicher wird. Mit den Worten des IT-Gurus Ray Kurzweil: »Schauen Sie sich Ihr Kind genau an, wenn es erwachsen ist, wird nahezu nichts auf der Welt mehr so sein wie heute.«

In der zweiten Hälfte des vorigen Jahrhunderts entstand durch die Nachrichtenelektronik und den Flugverkehr eine bislang ungekannte globale Gleichzeitigkeit. Plötzlich konnten sich Menschen über Kontinente hinweg als »Generation« empfinden. Heute wird der gesamte Globus durch die Digitalisierung, durch Popmusik, Nachrichten und Sportereignisse auf synchron gestellt. Die sukzessive Verbreitung des Englischen als Weltsprache – gewissermaßen die beginnende Aufhebung der babylonischen Sprachverwirrung – ist ein integraler Bestandteil dieses Prozesses.

Die Synchronschaltung des Globus läuft, bei aller Ungleichzeitigkeit der technologischen und sozialen Zustände in den Ländern, auf eine Totalherrschaft der Gegenwart hinaus. Der moderne westliche Mensch lebt außerhalb der Geschichte, jedoch nicht so wie der Bauer des Mittelalters, dessen Leben sich in naturhaften Zyklen vollzog, in denen nichts normaler war als der Wechsel einander gleichender Generationen, sondern er verliert die Fähigkeit, in Zusammenhängen zu empfinden. Er würde diese Fähigkeit als sentimentale Schwäche bezeichnen. Vergangenheit schrumpft zu einem gleichförmigen »Früher«, dem zugleich das Etikett »Schlechter« angeklebt ist. Tradition erscheint fast nur noch als Ballast.

Der moderne westliche Mensch betrachtet sich nicht mehr als Zwischenglied einer Kette, die Verbindung zum Gestern ist abgerissen, und ob er je eine zum Morgen herstellen wird, hängt von biografischen Zufällen ab. Viele maßgebliche deutsche und westeuropäische Politiker stellen diese Verbindung nicht mehr her; Merkel, Macron, Theresa May, Juncker, Göring-Eckardt, Hofreiter, Scholz, Altmaier: Das sind alles Aussterbende.

Der moderne westliche Mensch denkt seine Enkel nicht nur nicht mehr mit, er glaubt oftmals gar nicht mehr an die Existenz von Enkeln. Deswegen beginnt dieser Menschenschlag sich einzureden, es gebe zwischen seinen Nachkommen und denen der anderen keinen Unterschied, mögen die anderen auch von noch so fern kommen und noch so rustikale Sitten pflegen. Dem modernen Durchschnittsdeutschen sind etwa der Kanadier, der Brasilianer oder der Taiwanese seiner Gegenwart näher und vertrauter als der deutsche Bürger des späten 19. Jahrhunderts, vom preußischen Freiwilligen des Jahres 1813 zu schweigen, denn diese Menschen essen dasselbe Fastfood wie er, sie sehen dieselben Filme, hören dieselbe Musik und träumen dieselben Träume.

Dass sich die Angehörigen eines Volkes oder eines Kulturkreises stärker von ihren Vorfahren getrennt fühlen als von anderen zeitgenössischen Völkern und Kulturkreisen, ist welthistorisch beispiellos. Die Zeit trennt mehr als der Raum, weil es den Raum nicht mehr gibt. Die modernen Verkehrs- und Kommunikationsmittel und die Ideologie der Globalisierung haben ihn aufgehoben.

Das heißt, dass die Verwurzelung in der Zeit quasi täglich schwächer wird, weil diese Wurzeln absterben. Die Menschen haben aus dem Fortschritt der Technik, der Medizin und der Unterhaltungsindustrie den Schluss gezogen, dass nichts mehr alt sein darf. Die Revolution ist quasi auf Permanenz gestellt. Deshalb werden einem heutzutage die Klassiker, wenn überhaupt, stets mit der Beifügung angedient, sie seien hochaktuell. Neuheit und Aktualität sind Werte an sich geworden; »gestrig« ist ein Schimpfwort, steigerbar zur Exkommunikationsformel »ewiggestrig«. Alle traditionellen Gesellschaften wandelten in den Spuren ihrer Altvordern, wir verwischen sie – wenn wir nicht gerade damit beschäftigt sind, jene zu verurteilen, die sie hinterließen.

Die Geschwindigkeit, mit welcher der Mensch heute kulturelle Verluste hinnehmen und sich neuen Konstellationen anpassen muss, nimmt ständig zu. Die Komplexität der modernen Welt wird immer verwirrender und unüberschaubarer. Es war einmal möglich, etwa vom Standpunkt Hegels, Darwins, Freuds, Marx' oder Rudolf Steiners, komplette Gesellschaftsmodelle zu konstruieren. Das würde heute niemand mehr versuchen. Kein Kopf kann das globale Geschehen mehr zusammendenken.

In diesem Sinne ist jeder moderne Politiker ein tragischer Mensch: Die Spielregeln sind viel zu komplex, als dass er sie überschauen könnte; sobald er handelt, wird er schuldig – er ahnt nur noch nicht, woran genau. Deswegen sieht Nicht-Handeln zuweilen wie die Lösung aus.

Man muss sich zur Stützung dieser These lediglich anschauen, welche Faktoren in absehbarer Zukunft unser Land beeinflussen werden:

- rückläufiges Weltwirtschaftswachstum, exorbitante Staatsverschuldung, Finanzkrisen, Protektionismus;
- Abspaltungsbewegungen innerhalb der EU, mit welchen politischen Konflikten auch immer;
- die künstlich erzeugte Konfrontation mit Russland; ein moderner Dreißigjähriger Krieg in Syrien, in den

Russland und die USA noch mehr hineingezogen werden; der Antagonismus Iran – Saudi-Arabien, in den die Großmächte ebenfalls involviert sind;

- direkte Migration aus Afrika und dem Orient sowie Migration via Kreißsaal und Familiennachzug; die Abhängigkeit des europäischen Grenzregimes von der in Richtung Gottesstaat abdriftenden Türkei aufgrund von Merkels Alleingängen; die Einflussnahme der Türkei in die inneren Angelegenheiten Deutschlands über die türkische Minderheit;
- aggressive Re-Islamisierung des Orients, islamischer Terrorismus; islamische Landnahme in Europa;
- Energiebeschaffungsprobleme; wir stehen am absehbaren Ende der fossilenergetischen Epoche, im Verlauf des nächsten Menschenalters wird sich ein industrieller Muskelschwund einstellen und wahrscheinlich mittels Kernenergie therapiert werden, eine Energieform, aus deren Erzeugung und vor allem Erforschung wir ja triumphal ausgestiegen sind;
- Ernährungsbeschaffungsprobleme für eine unbeirrt wachsende Weltbevölkerung; in einer immer dichter bevölkerten Welt allzeit drohende Pandemien;
- Überfischung und Verschmutzung der Meere, Klimawandel (ich sage bewusst nicht: menschengemacht);
- das weitere Ausgreifen Chinas mit seinem Produktions- und Energiehunger, und wieder Konfrontation mit den USA;
- das globale Nomadisieren der Wirtschaft und der Qualifizierten, und parallel dazu das Wachsen des heimischen Prekariats, die immer weitere Technisierung und Elektronisierung des Alltags, die immer dichtere Vernetzung von immer mehr Personen und Institutionen;

- die Gentechnik mit ihren ungeahnten Möglichkeiten der Optimierung des Menschen bis zur Alterslosigkeit;
- die künstliche Intelligenz mit ihren ungeahnten Möglichkeiten, ein menschenunabhängiges Denken zu erzeugen, immer mehr von Maschinen und Computern geleistete Arbeit;
- dazu demografische Erschöpfung, Kriminalität, Verslumung, No-Go-Areas, Analphabetentum, zusammenbrechende Sozialsysteme ... – halten wir an dieser Stelle erschöpft inne. Alles steht wie auf Treibsand.

Wie um alles in der Welt kann man sich in dieser Lage als ein Konservativer positionieren, ohne als ein Schrat zu erscheinen, als ein hinterwäldlerischer Narr, als ein Don Quichotte?

Zumal es ja noch andere, sozusagen konkurrierende Konservative gibt, auch hierzulande in wachsender Zahl, die eine konservative Revolution anstreben, totaler und radikaler, als wir sie uns heute überhaupt erst vorstellen können. Denn was ist der Islam aus westlicher Sicht anderes als eine konservative Revolution? Überraschenderweise wird sie von den Linken und Liberalen unterstützt, weil alle Relationen ins Rutschen geraten sind und Revolutionen eben immer ihre nützlichen Idioten finden.

Der westliche Konservative sieht sich in einer Zange. Auf der einen Seite die dahinschießende Zersetzung und Verramschung aller Bestände und Institutionen im Namen des Fortschritts, auf der anderen Seite ein restauratives Konkurrenzunternehmen, das zwar ein den westlichen Fortschrittlern komplett entgegengesetztes Ziel verfolgt, sie aber im Erfolgsfall an Zerstörungskraft noch überträfe. Beide Seiten haben einen universalistischen Anspruch; der Konservative dagegen ist von Natur aus Partikularist.

Der geradezu dialektische Witz wird darin bestehen, dass beide Universalismen, der globalistische wie der islamische, lauter neue Partikularismen erzeugen.

In einem grotesken Zugleich werden auf verstreuten Inseln der Seligen Designerbabys und künstliche Ersatzorgane für Eliten gezüchtet, während nebenan ein religiöser Text aus dem 7. Jahrhundert als unübersteigbare Wahrheit gilt, auf deren Nichtakzeptanz die Todesstrafe droht. Zonen hypertropher Ordnung und wildester Anarchie werden direkt nebeneinander bestehen, wissenschaftliche und wirtschaftliche »Kompetenzfestungen« (Gunnar Heinsohn) direkt neben Clangebieten, wo das Faustrecht herrscht, Astronautenausbildung neben Ehrenmorden, höfliche Automaten neben Bandenkriegen, Gender-Studies neben Voodoo – das ist eigentlich kein Widerspruch, ich weiß –, genoptimierte Hundertjährige neben bereits zahnlosen Zwanzigjährigen, militante Tierschützer neben Schächtern, universitäre Schutzräume, in denen die geschlechtergerechte Sprache penibel beachtet wird und aus denen jeder Bub verwiesen wird, der einem Mädchen ein falsches Wort ins Ohr flüstert, während drei Straßen weiter Vergewaltigungen, Pädosex und die Zwangsverheiratung minderjähriger Mädchen zur Folklore gehören. Und, wie gesagt, das alles nebeneinander mitten in Europa. Wer Afrika importiert, wird selber zu Afrika.

Kann ein Volk die eben geschilderten Auflösungsprozesse überleben?

Israel scheint es zu können. Um die Vietnamesen muss einem nicht bange sein. Bei den Japanern stellen sich schon erste Zweifel ein; die haben zwar in ihrer beneidenswerten Inselsituation die Zugbrücken hochgezogen, aber demografisch sieht es bei ihnen nicht besser aus als bei uns.

Formulieren wir die Frage anders: Kann ein neurotisches, in Selbstverleugnung erstarrtes Volk diese Auflösungsprozesse überleben?

Ich könnte jetzt sagen: Nein, und den Vortrag beenden.

Meine These ist aber eine andere. Sie ist nicht besonders schön, gerade für einen deutschen Schriftsteller nicht, aber ich erinnere an Benn: »Rechne mit deinen Defekten! Gehe von deinen Beständen aus, nicht von deinen Parolen!«

Die deutsche Kultur ist nicht für die Ewigkeit gemacht, nicht einmal für den Äon. Ihr Überleben wird Privatangelegenheit und Stilfrage sein. Man kann sie vorleben, aber nicht vorschreiben. Als politisches Programm hat sie wahrscheinlich keine allzu große Zukunft. Ohnehin ist Kultur im Normalfall kein politischer Gegenstand; ein Staat, der sie zu fördern versucht, schwächt sie. 1992 demonstrierten Mainzer Winzer – Wein ist immer auch Kultur! – gegen den Fiskus mit der treffenden Parole: »Was wir ererbt von unsren Vätern, wird verwaltet von Verrätern.« Man kann Verräter nicht abschaffen oder umerziehen, aber man kann ihnen die Möglichkeit nehmen, zu verwalten.

Wer eine spezifisch deutsche Kultur jenseits der Sprache nicht zu erkennen vermag wie eine schlecht integrierte Integrationsbeauftragte, ist ein Barbar, aber wer über solche Äußerungen ein Geschrei anstimmt, anstatt diese deutsche Kultur zu verkörpern, ist auch nicht besser – ich will jetzt nicht über gewisse AfD-Twitteraccounts reden. Mir ist es übrigens egal, was deutsche Konservative von deutscher Kultur verstehen, ob sie Gedichte auswendig wissen, das Verhältnis von Schopenhauer zu Hegel erläutern oder den Weg der Fuge von Bach bis zur Prügelfuge in den »Meistersingern« skizzieren können. Oder ob sie ein deutsches Weihnachtslied in der zweiten Stimme singen können. Ich will nur, dass deutsche Konservative aufhören, heimliche Sozialdemokraten zu sein.

Das deutsche Gemüt hat überhaupt so einen fatalen Hang ins Sozialistische, das hängt mit den Erfahrungen der geopolitischen Mittellage zusammen. Dem deutschen Konservatismus fehlt seit je der freiheitliche Zug. Das wird im Gefolge der Einwanderungskrise immer deutlicher. Als Vorbild schweben mir hier weniger die Angelsachsen mit ihrer Beutelust und ihrem Teflongemüt vor als vielmehr die Schweizer, Europas freiheitlichste Nation, und eine Willensnation überdies, keine ethnische. Beim deutschen Sozialismus indes muss man immer damit rechnen, dass er wahlweise zum National- oder Internationalsozialismus entartet.

Ein Beispiel. Typisch für den speziell linksdeutschen Dachschaden mag ein Leserbrief sein, der vor kurzem im Spiegel zu lesen stand und sich auf ein Interview mit Rüdiger Safranski bezog, der gesagt hatte, es gäbe keine Pflicht zur Fremdenfreundlichkeit. Der Leserbriefschreiber erklärte: »Einem Menschen, der zufällig derselben Ethnie entstammt wie man selbst und der zufällig den gleichen Pass hat, ist man in keiner Weise mehr verpflichtet als jedem anderen Menschen dieser Welt.«

Meine Damen und Herren, daneben ist die chinesische Hirnwäsche ein Schonprogramm gewesen. Aber im Grunde ist das die Position der Bundeskanzlerin.

Ich könnte jetzt historisch ausholen und fragen, inwieweit dieser Mensch seinen luxuriösen Standpunkt anderen verdankt, die ihn auf dieses solide Plateau gestellt haben und zufällig derselben Ethnie entstammten wie er. Ich könnte darüber hinaus fragen, ob er seiner Entsolidarisierungsadresse nicht noch die Formulierung hinzufügen möchte: »Menschen, die zufällig meiner Familie angehören, bin ich nicht mehr verpflichtet als jedem anderen Menschen auf der Welt«.

Es genügt aber bereits der Hinweis darauf, dass die Hypertoleranz dieses empfindsamen Edlen nur unter einer einzigen, allerdings unendlich unwahrscheinlichen Voraussetzung Geltung beanspruchen könnte, nämlich dass jeder Mensch auf der Welt so dächte wie er. Ansonsten bieten sich die von jener absonderlichen Identitätszirrhose Befallenen bloß denen als Opfer dar, die ihren Clan, ihren Stamm, ihr Volk oder ihre Glaubensgemeinschaft über alle anderen stellen. Als Einzelwesen sind sie nicht überlebensfähig, sie benötigen ein Kollektiv, von dem sie zehren und in dem sie sich auf anderer Leute Kosten als Tugendhelden aufspielen können. Ich weiß nicht, wie es Ihnen geht, aber ich habe keine Lust, einem solcherart missbrauchten Kollektiv anzugehören, und möchte mich meinerseits von solchen Figuren entsolidarisieren.

Dazu bedarf es in der Tat einer konservativen Revolution, einer konservativen Revolution der Bürger, aber es muss eben eine freiheitliche Revolution sein. Der Gegner ist nicht der Muslim, der hier einwandert, sondern der deutsche Umverteilungsstaat, der ihn anlockt und alimentiert – und natürlich jene Linke, die die moralische Erpressungsbegleitmusik beisteuert. Der innere Feind ist unser Problem, weil er sich völlig irrational verhält und Selbsterhaltung für Rassismus erklärt. Der afrikanische Einwanderer verhält sich damit verglichen völlig rational.

Ich sagte gerade »konservative Revolution der Bürger« in Abgrenzung zur konservativen Revolution der Muslime. Es gab den lächerlichen Versuch von Alexander Dobrindt, CSU, der eine solche Revolution gefordert hatte und dann in einem Interview mit Marietta Slomka nicht erklären konnte, was das ist. Das mag zwei Gründe haben. Entweder er ist ungebildet, oder sein Maulkorb sitzt zu eng.

Dabei liegen die Antworten doch auf der Hand. Dobrindt hätte sagen sollen: Naheliegenderweise, Frau Slomka, wollen wir zuerst einmal die Alimentierung Ihres Belehrungs- und Erziehungssenders beenden; anstatt dem Steuerzahler Milliarden abzupressen, damit Sie agitieren, schlemmen und mit Personal aasen können, sollten Sie sich der Konkurrenz am Markt stellen, und wenn die linken Lautsprecher des Staatsfunks heruntergedimmt werden, wird automatisch das gesellschaftliche Klima besser.

Dann wollen wir erhebliche Steuererleichterungen, vor allem für Familien mit Kindern, sofern – und nur sofern! – die Eltern etwas zum Gemeinwohl beitragen. Wir wollen eine Befristung aller Sozialleistungen außer für wirklich schicksalhaft Bedürftige, und nach dem Ablauf dieser Frist gibt es keinen Cent mehr. Wir wollen die Wiederherstellung des Rechtes an den Grenzen und vor Gericht, die Rückkehr des Sühnegedankens in die Rechtspflege, mehr große, moderne und sichere Gefängnisse für die Schulung derer, die momentan mit lächerlich geringen Strafen für schwerste Gewaltverbrechen davonkommen, weil die Knäste mit dem Gold aus den Schiffen überfüllt sind.

Wir wollen die Rückkehr zu einem Bildungssystem, bei dem die Schüler nach Verlassen der Schule lesen, schreiben und rechnen können und mindestens eine Fremdsprache beherrschen, die Beendigung der Abiturienten- und Geisteswissenschaftsstudentenschwemme und die geordnete Überführung des Gender-Okkultismus in die *heute-show*. Außerdem die Streichung sämtlicher Mittel, die in den verfassungswidrigen »Kampf gegen rechts« fließen, die Kürzung der Kultur- und Bühnensubventionen, weil dort ja eh nur noch Kultur demoliert wird, und natürlich eine Einwanderungspolitik, die Neubürger bevorzugt, die ihre Rechnungen selber bezahlen wollen (und können) bei strikter Abweisung und Ausschaffung aller anderen, zumal der zahllosen Straftäter, die sich hier breitgemacht haben.

Wir wollen nicht weniger als einen Mentalitätswandel, wir wollen, dass Frühaufsteher, Buckelkrummmacher, Arbeitsplätzeschaffer, Erfinder und Patentanmelder mehr und die Schwätzer, Sozialabsahner, Ideologieverbreiter und Asylindustriespitzbuben weniger Geld verdienen. Wir wollen überhaupt den Menschenschlag abschaffen, der für seine schiere Existenz eine Belohnung zu verdienen meint, und den Menschenschlag fördern, der selber für sich sorgt. Das hätte fürs erste genügt. Mehr hätte Frau Slomka in ihrer Sendezeit eh nicht untergebracht.

Meine Damen und Herren, ich habe die Schweiz als Willensnation und als Vorbild genannt. Das führt zum vielleicht wichtigsten politischen Projekt, das dem Konservatismus derzeit obliegt: die Erhaltung der Souveränität der Nationalstaaten.

Der Nationalstaat ist die größte Leistung politischen Organisationsvermögens, welches die bisherige Geschichte kennt, und zwar aus einem Grund: Es gibt nirgendwo einen Rechtsstaat, der kein Nationalstaat wäre. Rechtsstaat heißt vor allem: Gewaltenteilung. Einzig der Nationalstaat gewährleistet Rechtssicherheit. Umgekehrt sind keineswegs alle Nationalstaaten Rechtsstaaten, schauen Sie sich die Türkei an oder China. Die Verbindung aus Nationalstaat, Demokratie und Rechtsstaat ist so selten und ihre Entstehung so unwahrscheinlich, dass man sehr gute Alternativen haben muss, sie aufzugeben. Und so lange die Alternativen nur Luftschlösser sind, muss am Nationalstaat festgehalten werden, so viele Einwände man auch gegen ihn haben mag.

Einer der albernsten, aber trendigsten besteht darin, dass man Nationen und Nationalstaaten heute als Konstrukte abqualifiziert. Aber eine Brücke und ein Haus sind auch Konstrukte. Die Menschenrechte und die Demokratie sind Konstrukte. Der Elfmeter beim Fußball ist ein Konstrukt. Sollen unsere Konstruktivisten doch einmal in eine Moschee gehen und dort vortragen, dass der Islam ein Konstrukt ist – es ist immer erhellend zu beobachten, wenn Konstrukte wild werden. Und selbstverständlich ist auch die EU ein Konstrukt.

Meine Damen und Herren, im Grunde ist gegen Konstrukte nichts einzuwenden, wir leben von ihnen und in ihnen. Das Besondere und Einzigartige – und Kostbare! – am Nationalstaat aber ist, dass er all die anderen Bindungen zwischen den Menschen, die des Blutes, der Sippe, der Ethnie, der Religion, eingehegt und befriedet hat. Er hat das Blutsrecht und das religiöse Recht durch das säkulare Recht ersetzt.

Vor unserer Haustür sehen wir, was geschieht, wenn Nationalstaaten zerfallen: Die Kräfte der Religion und des Blutes drängen in jene Machtpositionen, die der säkulare Staat geräumt hat. Die alten Clanstrukturen treten wieder zutage, Stämme teilen die Macht im Lande unter sich auf, religiöse und ethnische Minderheiten werden verfolgt. Und genau das wird derzeit unter dem beifälligen Gemurmel aller Systemparteien importiert. Was uns seitens der Linken und anderer Fortschrittsfreunde als tätige Humanität verkauft wird, ist tatsächlich eine schleichende Zerstörung des Rechtsstaates und der inneren Sicherheit, verbunden mit der Plünderung der Sozialkassen und der Spaltung der Gesellschaft.

Eine freiheitlich-konservative Politik darf nicht zulassen, dass sich das Blut und der Clan und die Religion wieder bei uns durchsetzen. Dass mit Religion nicht der Glaube als solcher gemeint ist, denn wir haben gottlob Religionsfreiheit in Deutschland, sondern ein politischer, auf Herrschaft über die Gesellschaft zielender Anspruch, versteht sich von selbst. Es gibt, von der Weltklimakirche abgesehen, nur eine Religion, die einen solchen Anspruch erhebt.

Der Nationalstaat hätte sich erst dann überlebt, wenn der Supranationalstaat seine Funktionsfähigkeit unter Beweis gestellt hat. Insofern ist die EU ein lehrreiches Exempel. Sie hat vor, Europa, diesen Kontinent der Vielfalt, im Namen der Vielfalt gleichzuschalten, koste es, was es wolle. Solange diese Pervertierung der europäischen Idee in Europa auf Widerstand stößt, lebt die europäische Idee!

Meine Damen und Herren, die Progressisten kommen mit Visionen und Verheißungen und stellen Forderungen in deren Namen. Sie legitimieren sich aus dem Versprechen einer gerechteren Zukunft, und wenn ihre Pläne scheitern, stehlen sich diese Wohlmeinenden heimlich davon und sagen, das hätten sie nicht gewollt. Der Konservative kann dergleichen nicht bieten, was ihn als Langweiler, Zukunftsverweigerer und Auf-der-Stelle-Treter erscheinen lässt.

Dabei bedeutet konservativ zu sein bloß, dass man sich die permanenten Kulissenwechsel nicht als das eigentliche Stück aufschwatzen lässt. Der Konservative hält die Gesellschaft nicht per se für schlecht und dringend veränderungsbedürftig, sondern für ihn ist es zunächst einmal erstaunlich, dass überhaupt etwas funktioniert. Nach seiner Ansicht muss sich also keineswegs das Bestehende legitimieren, sondern das sollen diejenigen tun, die es verändern wollen. Mit den Worten Giuseppe Prezzolinis: »Der Progressist denkt immer an morgen, der Konservative immer an übermorgen.«

Der Konservative möchte also nicht das altägyptische Bewässerungssystem oder den mechanischen Bohrer beim Zahnarzt wiederhaben, sondern im Gegenteil: Ein konservativer Hausbesitzer, um ein schönes Bild des Kabarettisten Ludger Kusenberg zu zitieren, wird sein Haus ständig renovieren und verschönern und technisch auf den neuesten Stand bringen. Er wird sich aber davor hüten, jemals eine tragende Wand herauszureißen. Die Familie, das Recht und der Nationalstaat sind solche tragenden Wände.

Ich komme zum Schluss noch einmal zur deutschen Kultur und damit zu den für diesen Vortrag titelgebenden Wurzeln. Während die Freiheit zur Verfassung werden kann – in der gesegneten Schweiz werden sogar Steuererhöhungen per Volksabstimmung entschieden –, ist das Überleben der deutschen Kultur eine Frage des persönlichen Beispiels. Ich nannte es: eine Frage des Stils. Fordern lässt sich hier nichts.

Was ist dafür zu tun? Zunächst einmal hege und pflege man, was an Heimat noch übrig ist. Wer sich fürs Nomadentum entschlossen hat, führe seine Heimat eben mit sich. Die deutsche Kultur wird in den Einzelnen überleben oder gar nicht, und es ist keineswegs ausgemacht, dass dieser Vorgang nur auf dem Gebiet des heutigen Deutschland ausgetragen wird. Der öffentliche Kampf aber muss der Erhaltung der Zivilisation gelten. Wer immer die Zivilisation als solche, den Rechtsstaat, die Umgangsformen, das Eigentum, das Bargeld, die Freiheit der Meinung, des Bekenntnisses und des Wirtschaftens verteidigen will, ist ein Verbündeter, egal welche Sprache er spricht und welche Hautfarbe er hat.

Die Barbaren stehen überall bereit zum Angriff, in den Vorstädten wie in manchen Vorstandsetagen, in den Redaktionen, in den Banken, sogar in Gebetshäusern.

Ansonsten: Füllen und leeren Sie Ihre Weinbestände. Lesen Sie Bücher statt Zeitungen. Flanieren Sie, wo es noch geht. Bewaffnen Sie sich, wo es nicht mehr anders geht. Lassen Sie sich von der allgemeinen Verwahrlosung nicht anstecken. Seien Sie manierlich und heiter. Nennen Sie die Dinge beim Namen, aber gesittet. Seien Sie freundlich zu Ihren Nächsten und heißen Sie diejenigen willkommen, die willkommen sein wollen. Halten Sie es mit Gilbert Chesterton: Wenn ich will, dass die Welt blauer wird, muss ich mit Farbe und Pinsel vor meiner Haustür anfangen. Sie wird danach in jedem Falle blauer sein als zuvor.

Ich danke Ihnen.

WIE »KONSTRUIERT« IST »VOLK«?

Vortrag, gehalten am 30. Juni 2019
auf dem Konservatismus-Kongress der
Jungen Alternative Bayern

Ich werde heute zu Ihnen über die Frage sprechen, wie konstruiert ein Etwas namens Volk ist. Dass diese Frage sozusagen in der Luft liegt, hängt damit zusammen, dass der momentane Zeitgeist in der westlichen Welt von Kräften bestimmt wird, die den Wunsch hegen, dieses Etwas namens Volk möge als ein Konstrukt *gelten*, weil es dann leichter abgeschafft werden kann. Wo es kein Volk gibt, gibt es nämlich auch keine Heimat, und wo es keine Heimat gibt, darf sich jeder heimisch fühlen. Es handelt sich also um einen normativen Gedanken, dessen Vater bzw. Elter 1 der Wunsch ist. Ein reines Konstrukt kann man ja nicht abschaffen. Der Zweck des Konstruktivismus ist nicht die Konstruktion, sondern die Dekonstruktion.

Andererseits muss man konstatieren, dass derzeit speziell in den Ländern des Westens ein Prozess abläuft, der es von Jahr zu Jahr noch schwieriger macht, die Eigenart eines Volkes zu beschreiben und seinen Personalbestand anders als mit der Staatsbürgerschaft zu definieren. Dieser Prozess heißt Völkerwanderung. Natürlich nicht offiziell. Konstrukte können ja nicht wandern. Offiziell heißt er Flüchtlingskrise, Willkommenskultur, globale Migration, *One World* oder Umwandlung von monoethnischen, monokulturellen Gesellschaften in multiethnische, multikulturelle, wie es ein Harvard-Schelm in den »Tagesthemen« ausplauderte.

Wie alle Flüsse ins Meer strömen, sollen sich alle Völker und Nationen in den Ozean der Weltzivilisation ergießen und vereinen. Mag sein, dass nicht nur die linken Globalisten und die internationalen Konzerne das so wünschen, sondern auch der Weltplan dergleichen vorsieht. Dann wird man aber, um in diesem Bilde zu bleiben, konstatieren müssen, dass es die Flüsse tatsächlich gibt. Die progressivsten unter den Gesellschaftsozeanographen indes behaupten, die Existenz verschiedener Ströme sei halb Einbildung, halb Ideologie, vereint zum Vorurteil, alle Wasser seien gleich, alle flössen längst im selben Delta. Sie bestreiten sogar, dass ein Unterschied zwischen Süß- und Salzwasser besteht.

Wie konstruiert also ist »Volk«? Der erhebliche und auch nachhaltige deutsche Denker Robert Habeck zum Beispiel hat gesagt, es gebe kein deutsches Volk. Wenn das stimmt, dann gibt es keine verallgemeinerbaren deutschen Eigenarten, denn wer sollte sie besitzen? Ich habe verschiedene Gründe, darüber nachzudenken. Zum Beispiel, weil ich ein Mitglied und das vergleichsweise machtlose Oberhaupt einer multiethnischen, multireligiösen Familie bin, die mein Bruder inzwischen bis nach Tansania ausgedehnt hat. Aber der eigentliche Grund besteht darin, dass man mit dieser These versucht, mir etwas wegzunehmen. Unter uns helldeutschen Betschwestern kann ich ausnahmsweise verraten, was. Fast alles, was ich hasse, ist deutsch. Fast alles, was mich anwidert, ist deutsch. Fast alles, was ich verachte, ist deutsch. Wenn es dieses Deutsche nun gar nicht gibt, wie immerhin ein Mann behauptet, der deutscher Kanzler werden will, Kanzler eines Konstrukts gewissermaßen, dann bin ich wahrnehmungsgestört und muss sofort zum Psychiater. Und zum Augenarzt. Sogar meine Nase und meinen Gaumen müsste ich kontrollieren lassen. Vielleicht bilde ich mir nur ein, dass ich Wein trinke, und tatsächlich ist es Kommodenlack.

Einstweilen wehre ich mich gegen die Unterstellung, dass ich verrückt bin und Gespenster sehe. Was mir im Reichshauptslum Berlin entgegenkommt, den linken Teil des Schädels kahlrasiert, blaue Strähnen rechts, ein Pfund Blech gleichmäßig im Gesicht verteilt und ansonsten großzügig tätowiert, im Unterhemd, mit zerfetzter Jeans, Wagner für einen Pizzafabrikanten und den Kapitalismus für den Weltfeind haltend, aber für einen Sexisten immer noch irgendwie als weiblich erkennbar, ist erstens kein Konstrukt und zweitens: deutsch! Der Internetauftritt der grünen Jugend, eine Hüpfburg hysterischer Kretins und geschlechtsneutraler Teletubbies, neben der ein Zigeunerhaus wie eine Palladio-Villa wirkt: deutsch! Der Staatskirchenparteitag der Mösenmaler: deutsch! Die tägliche schwarze Messe um das Alien aus Braunau und seine unsühnbare Teufelsherrschaft: deutsch! Die Gier nach Gleichheit, die Verhöhnung des Besonderen, Artifiziellen, Verfeinerten: deutsch! Die Bereitschaft, im Kollektivrausch politischen Übergeschnappten zu folgen und sich den Kopf lustvoll an der dicksten Wand einzuschlagen, ob nun 1918, 1941 oder 2015: deutsch! Infantile Horden, die durch die Straßen laufen und skandieren: Hoch mit dem Klima, runter mit der Kohle: deutsch! Schamlosigkeit und Vulgarität, verkauft als Authentizität und Natürlichkeit: deutsch! Anton Hofreiter, Sascha Lobo, Konstantin Wecker und Claudia Kipping-Eckardt: deutsch! Fernstenliebe aus Mangel an Nächsten, kinderlose Frauen, die eigene Kinder unter Klimaschädlinge rubrizieren, aber afrikanische Kinder am Bahnhof mit Teddys begrüßen: deutsch! Klassikkonzertbesucherinnen, die in die Jahre gekommen sind, jedoch nimmermehr auf die Idee, sich ihre Haare frisieren oder gar färben zu lassen: deutsch! Intellektuelle, die im Ausland nicht deutsch reden, weil sie sich dafür schämen, als Deutsche erkannt zu werden: deutsch! Überhaupt, diese ganze verklemmte Selbstablehnung, diese Streberei im endgültig Besiegtsein, diese Wollust, sich in Europa oder gleich der ganzen Welt aufzulösen, das sich-Suhlen in nationaler Minderwertigkeit, durchdrungen vom Größenwahn, dergleichen sei moralisch vorbildlich: deutsch! Windräder, hineingerammt in Caspar-David-Friedrich-Landschaften: deutsch! Ungeschminkte Frauen auf flachen Sohlen, die mehr Nahrungsmittelunverträglichkeiten kennen als unsereins Stellungen: deutsch!

Ich breche hier ab, keineswegs weil ich erschöpft bin, ich könnte eine Stunde fortfahren. Ich habe in meinem Leben nichts Widerlicheres kennengelernt als Deutsche, und nun kommen Spitzenvertreter des widerwärtigen Deutschtums und behaupten, meine Wahrnehmung sei gestört, es gebe gar nichts originär Deutsches. Bis an den letzten Tag, den Allah für mich werden lässt, werde ich diesem Schwindel widersprechen. Deutsch sind sie, kerndeutsch, knalldeutsch, quietschdeutsch, dummdeutsch, jedenfalls deutsch! Basta!

Ist das alles? Natürlich nicht. So wie ich meine Aversion gegen viele meiner Landsleute nicht verhehlen kann, so mag ich doch vieles *typisch Deutsche*. Was das sein soll, werde ich hier kaum erschöpfend beantworten können. Aber grob und in Kürze sei es versucht. Deutsch sind der Riesling und die Burgen am Rhein, Tilman Riemenschneider und Matthias Grünewald, »Ein feste Burg ist unser Gott« und »Das Patrem deutsch« von Johann Walter, Bachs kontrapunktisches Schöpfungslob und heiterer Protestantismus, Schuberts *Schöne Müllerin*, das *Meistersinger*-Vorspiel und der Einzug der Gäste in die Wartburg im *Tannhäuser*, der Mond der Romantik von Caspar David Friedrich bis Novalis, natürlich Eichendorff, aber unbedingt auch Wilhelm Busch, diese Mischung aus Gemütlichkeit, Schadenfreude, Boshaftigkeit und Witz, an deren Ende immer die brachial wiederhergestellte Ordnung steht. Die Begriffsmühlen des deutschen Idealismus sind deutsch, der hohe Ton von Schiller über Hölderlin bis zu George, der mitreißende Fundamentalismus Kleists, die Brüder Humboldt als Mitbegründer jener Spielart deutscher Leitkultur, deren Leidenschaft der Erforschung fremder Kulturen galt. Deutsch ist die Mentalität, eine Sache zu Ende zu führen. Es ist deutsch, zu viel zu arbeiten, und eine gewisse Unfähigkeit, die Früchte dieser Arbeit zu genießen, ist es ebenso. Die ewige Frage, was deutsch sei, ist deutsch. Deutsch ist es, »die Elementa zu spekulieren« und für alles Nichtspekulative technische Lösungen zu finden. Deutsch ist die Idee der Universität als Ort universeller Bildung, natürlich Waldesruh und Waldweben, Wiesengrund und Mühlbach, Tiefsinn und Bierseligkeit, Musikalität und Liebe zum Trunk, Gemüt und Gemütlichkeit, Innerlichkeit und Pflichtethik, Kehrwoche und Metaphysik, gehaltene Versprechen und Derbheit im Umgang, nie weltmännisch, stets etwas verhockt und provinziell steif. Lange manisch graecophil, jeder Mythe gewogen, aber von Latinität weitgehend unberührt (das Wahrnehmungsgenie Goethe ausgenommen). Die »faustische« Unbegabung zum Glücklichsein. Deutsche Ingenieurskunst und *Made in Germany* als weltweites Gütesiegel, *Ordnung muss sein* als erste Maxime. Alles Schnee von gestern?

Eine spezifisch deutsche Kultur sei jenseits der Sprache für sie nicht zu erkennen, hat Aydan Saliha Özoğuz zerknirscht eingestanden, damals als Beauftragte der Bundesregierung für Migration, Flüchtlinge und Integration im Rang einer Staatsministerin bei der Bundeskanzlerin. Was dann an Reaktionen von rechts folgte, spricht eher für meine These, dass es durchaus eine spezifisch deutsche Art gibt, aber die Frage offen bleibt, ob es sich dabei noch um Kultur handelt. Bedenken Sie bitte: Die Frau, aus türkischer Familie stammend, war Staatsministerin *bei der Bundeskanzlerin* und hat trotzdem eine spezifisch deutsche Kultur in der *Sprache* erkannt. Wie, wenn es subversiver Hohn war – eine Art semantisches Stauffenberg-Attentat?

Frau Özoğuz ist eine deutsche Politikerin, das heißt, man muss nachsichtig mit ihr sein, denn sie repräsentiert ein bildungsfernes Milieu. Aber immerhin, die Sprache ließ sie uns. Das erinnert mich an bundesrepublikanische Geistesschaffende der Flakhelfergeneration, unter denen die Formulierung populär war, man habe seine Heimat in der deutschen Sprache und Literatur gefunden. Das war sozusagen die Magerstufe des intellektuellen Patriotismus. Das deutsche Kind selber hatten sie längst mit dem nationalsozialistischen Bade ausgeschüttet.

Das Esperanto ausgenommen, ist keine Sprache ein Konstrukt. Dass die Sprachen existieren und sich auf eine Weise voneinander unterscheiden, hat noch kein Konstruktivist bestritten. Womöglich sind die Völker nicht die Gedanken Gottes, wie Herder poetisch formulierte, aber ganz sicher sind die Sprachen die Gedanken der Völker. Wir befinden uns hier in einer ähnlichen Situation wie in der Literatur- oder der Musikgeschichte, auch dort haben progressive Theoretiker längst fest- und klargestellt, dass es Genies eigentlich gar nicht gibt. Nur ihre Werke.

Die Sprachen belegen die Existenz von Völkern und bezeugen die enormen Unterschiede zwischen den Sprechern. Dieser Satz ist unglaublich trivial. Dass er heute fast subversiv klingt, verdeutlicht, welches Narrenschiff wir *nolens volens* bestiegen haben. Auf die Brücke drängen Leute, die Völker und Geschlechter für Konstrukte halten, die EU und *Gender* nicht. Wenn sie könnten, würden sie die babylonische Sprachverwirrung rückgängig machen und einer einheitlichen, auch ethnisch irgendwann einheitlich durchmischten *One World* eine Einheitssprache aufdrücken. Ich habe keine Ahnung, was Menschen reitet, die solche Träume träumen.

In den Sprachen leben also die Nationalcharaktere. Italienisch etwa ist die Sprache der Piazza, der Oper, des täglichen *bella figura*-Machens; Französisch die der geraunten Frivolitäten, der eleganten Bonmots und diplomatischen Euphemismen; Deutsch die des metaphysischen Tiefsinns, des murmelnden Mühlbachs und der Amtsschimmel. Dem Englischen wiederum wohnt ohne Zweifel etwas schnell zur Sache Kommendes, Praktisch-Prägnantes, Geschäftsmäßiges, Welthandeltreibendes inne – ohne die zahllosen poetischen Perlen und die unendliche Fülle der Redewendungen zu verkennen, die diese Sprache hervorgebracht hat. Und ich habe jetzt nur eng verwandte europäische Sprachen aufgezählt. Viele asiatische Sprachen beispielsweise behandeln das heilige europäische *Ich* mit großer Zurückhaltung. Man könnte stundenlang darüber meditieren, warum im Deutschen und nur im Deutschen die Substantive großgeschrieben werden, um dann wahrscheinlich bei einem dreckigen Scherz zu enden, etwa: weil der brave Deutsche einem kleingeschriebenen Führer oder einer klein geschriebenen Fremdenführerin nicht so bedingungslos folgen würde.

Allerdings hat sich in den vergangenen 50 Jahren die ethnische Zusammensetzung der Sprecher europäischer Sprachen sehr verändert. Nicht nur in den Kolonialnationen England, Frankreich, Holland, Belgien, auch in Skandinavien oder bei uns. Der demografische Druck auf den Westen verändert die Zusammensetzung der westlichen Völker. Solange dieser Prozess läuft, dürfen Sie nicht Umvolkung dazu sagen, danach ist es eh egal.

Nun kommen unsere Progressisten und erklären: Migration hat es schon immer gegeben, ethnisch homogene Völker dagegen nie, die Welt ist im Wandel, wir dürfen uns nicht abschotten, wir müssen unsere Kolonial- und Klimaschuld durch Aufnahme von Migranten abtragen, alle Ethnien sind kompatibel, alle Kulturen gleichwertig, alle Menschen gleich, die einen leben dann halt schon länger hier und die anderen erst neuerdings, das wird schon alles gutgehen, und Deutscher ist, wer einen deutschen Pass hat. Sämtliche anderen Unterscheidungen sind rassistisch.

Nur *weil* ein Bevölkerungsaustausch läuft, sind wir überhaupt mit solchen normativen Zumutungen konfrontiert, und nur deshalb werden rückwirkend auch die Völker abgeräumt und die nationalen Identitäten verspottet, interessanterweise von Leuten, die sich für *Identity politics* engagieren, also an Identitäten sofort nichts mehr auszusetzen haben, wenn sie die Rechte sogenannter Minderheiten betreffen, die weiße Minderheit in Südafrika einmal ausgenommen. Das heißt, auch im Ozean der Weltzivilisation werden die Wasser von den Flüssen reden, aus denen sie stammen.

Gewiss, die Gemeinsamkeiten zwischen einem durchschnittlichen ethnischen Nordafrikaner und einem durchschnittlichen ethnischen Skandinavier sind viel einfacher zu definieren als die Unterschiede, vor allem in Zeiten der politischen Korrektheit. Zu erkennen ist der Unterschied allerdings sofort. Zu erkennen ist er auch dann, wenn beide den, sagen wir, norwegischen Pass haben. Wenn Heribert Prantl morgen zu den Tsonga auswandert, einen Lendenschurz aus Ziegenfell anlegt, Fußrasseln umbindet und sich in den Fruchtbarkeitstanz einreiht, wird trotzdem niemand glauben, er sei jetzt ein Bantu. Dabei wäre es so schön.

Ist aber umgekehrt tatsächlich ein Europäer, wer rund um die Uhr mit Allah und wenig außerdem im Kopf herumrennt, Frauen verschleiert, Wein und Musik für sündhaft hält, die europäische Literatur, den europäischen Geist und die europäische Lebensart geringschätzt, wer etwa als Franzose nie den Louvre betreten, nie ein Konzert, nie eine Oper besucht hat und stattdessen glaubt, die Welt mit beduinischen Verhaltensvorschriften aus dem 7. Jahrhundert missionieren zu müssen? Auch wenn seine Eltern in Europa geboren sein sollten? Auch wenn er einen europäischen Pass besitzt?

Rechtlich gesehen ja. Doch es sind Fremde, denen man auch in zweiter oder dritter Generation die gepflegte Fremdheit durchaus ansieht, weil die Angehörigen dieser Gruppe sich weder mit autochthonen Europäern kreuzen noch deren Kultur, obzwar sie in ihr leben, überhaupt zur Kenntnis nehmen. Es ist eine tiefe ethnisch-psychisch-soziale Fremdheit. Längst existieren überall in Westeuropa Gebiete, in denen man als Araber geboren wird. Das sind keine europäischen Gebiete mehr, sondern arabische. Es gibt Völker, die entschieden *nicht* vorhaben zu verschwinden. Es gibt Glaubensgemeinschaften, die sich nicht relativieren lassen, sondern sich absolut setzen, die wachsen, missionieren, erobern und herrschen wollen.

Was sagt der Konstruktivismus dazu? Warum gehen unsere Konstruktivisten nicht mal zum Freitagsgebet in eine Moschee und verkünden dort, der Islam sei bloß ein Konstrukt? Es kann total komisch sein, wenn Konstrukte wild werden.

Nie hätte eine Frau dem Achill unterbreitet, seine Männlichkeit sei nur ein Konstrukt. Stalin ist nicht am 3. Juli 1941 ans Radiomikrofon getreten und hat gesagt: Ein Konstrukt namens Wehrmacht hat uns angegriffen. Und nie wird einer von diesen linken Fatzkes behaupten: Der Islam ist ein Konstrukt. Sie werden zum Beispiel auch nicht sagen: Das türkische Volk ist ein Konstrukt, denn ein achtbarer Türke kann dann sehr grimmig werden.

Ich mag die Türken. Altes Kriegervolk. Gute Haltung, ausrasierter Nacken, stolze Männer. Die Frauen zuweilen von einem geradezu bedrohlichen Ernst. Keine schmierigen Levantiner, aber auch keine androgynen Schluffis, keine Körnerfresser, keine Veganer. Kein schlechtes Gewissen, wenn sie ins Auto steigen. Sie glauben weder daran, dass es drei oder dreizehn oder dreißig Geschlechter gibt, noch daran, dass ihre Flatulenz die Pole schmelzen lässt, noch daran, dass sie der Dritten Welt etwas schulden, das sie sich dort nie geliehen haben. Und sie sind nicht davon abzubringen, dass sie Türken sind.

Merke: Als Konstrukt wird nur eingestuft, was schwach ist, was ohnehin fällt, was sich nicht wehrt. Konstruktivisten sind Aasfresser.

Der erste Konstruktivist war übrigens der Vorsokratiker Zenon von Elea mit seinem Befund, dass bei einem Wettrennen zwischen Achill und einer Schildkröte der Held das Tier niemals einholen werde, wenn er ihr beim Start einen Vorsprung lasse: Wenn Achill hundert Meter läuft, kriecht sie zehn Meter, wenn Achill zehn Meter läuft, bewältigt sie einen, wenn Achill den einen Meter läuft, ist sie ihm wieder zehn Zentimeter voraus, und so weiter. An den geisteswissenschaftlichen Fakultäten der Universitäten überholt Achill die Schildkröte nie. So ungefähr ist es mit den theoretisch zergliederten und abgeschafften Völkern und Geschlechtern. Sie sind ja noch da. Nur weil sich ein Etwas namens Volk nicht exakt definieren lässt, an den Rändern ausfranst, sich im stetigen Wandel befindet, existiert es ja nicht nicht. Aber wie gesagt: Hinter diesen konstruktivistischen Thesen, an die außer ein paar in Universitäten und Stiftungen isolierten Hochbegabten niemand ernsthaft glaubt, steht ein normativer Gedanke. Wenn ich die Existenz von Völkern und Nationalcharakteren schon einmal prophylaktisch und bis zurück in die Vergangenheit bestreite, kann ich sie in Zukunft desto leichter planieren und eine bessere, die *Eine Welt* schaffen.

Im Roman *Ein Gentleman in Moskau* von Amor Towles, der im Moskau nach der russischen Revolution spielt, ordnen die Bolschewiken an, dass auf sämtlichen Flaschen im Weinkeller des Hotels »Metropol« die Etiketten entfernt werden und man künftig nur noch Rot- oder Weißwein ausschenkt, weil die Verschiedenheit der Rebsäfte dem bolschewistischen Ideal der Gleichheit widerspräche. Darauf läuft es wohl hinaus, wenn wir alle in den Ozean der Weltzivilisation gespült werden.

Ist das erstrebenswert? Ich frage extra nicht: Ist das vermeidbar?, denn manche Unvermeidbarkeit in der Geschichte war nicht besonders erstrebenswert. Die Ablösung des Salonspeisewagens der Preußischen Staatseisenbahnen durch das ICE-Bordbistro beispielsweise. Ist das Verschwinden der Völker im Ozean der Weltzivilisation erstrebenswert?

Doch was würde eigentlich verschwinden, wenn beispielsweise Deutschland verschwände? Jetzt mal praktisch in Richtung von Herrn Habeck gefragt.

Die deutsche Hochkultur, sie mag weltweit in den Konzertsälen und Bibliotheken als typisch deutsch gelten und mich mit der polnischen Literaturwissenschaftlerin, der koreanischen Mezzosopranistin und dem israelischen Pianisten verbinden, sie mag unter Gebildeten überleben, und vielleicht gilt unter Biocomputern dermaleinst Johann Sebastian Bach als ihr Abraham, aber eine Verbindung unter Deutschen stiftet sie kaum mehr. Kultur bedeutet freilich viel mehr als nur Hochkultur. Sie spielt in den Bereich der nationalen Mentalitäten hinein, der Art zu leben, der Tugenden, Verhaltensweisen, Verbindlichkeiten und ungeschriebenen Gesetze, der ganzen alltagskulturellen Codes, auf denen das Zusammenleben beruht.

Ein etwas profanes Kompositum zur Beschreibung solcher kollektiven Mentalitäten heißt: kulturelles Kapital. Es verbindet die Sphäre der Alltagskultur mit jener der Ökonomie. Das ist bekanntlich eine sehr praktische Sphäre, weshalb die universitäre Idee, alle Völker seien letztlich irgendwie gleich, dort nie Fuß gefasst hat. Das Konsumverhalten der Völker unterscheidet sich erheblich. Ein und dasselbe Produkt wird in verschiedenen Ländern unterschiedlich beworben. Es handelt sich um eine Art *Racial Profiling* der Marketingabteilungen. Die typisch deutsche Werbung mit dem Mann als Depp und der Frau als Wegweiser wäre anderswo der Image-Tod des Produkts.

Kein Unternehmen wird in einem Land investieren, ohne zuvor zu recherchieren, was für ein Menschenschlag dort lebt, das heißt Kalkulationen über das kulturelle Kapital anzustellen. Dazu gehören: Bildung, Intelligenz, Arbeitsmoral, Leistungswille, Pünktlichkeit, Verlässlichkeit, Vertragstreue, Rechtstreue, Fairness. Wo kulturelles Kapital dieser Art über Generationen akkumuliert wurde, wird man mit höchster Wahrscheinlichkeit eine Gesellschaft vorfinden, in der Achtung vor den Rechten des Individuums inklusive Meinungs- und Religionsfreiheit herrscht, die Staatsgewalt kontrolliert wird, die Kriminalität gering ist, eine gute Balance zwischen Egoismus und Gemeinwohlorientierung besteht sowie ein allgemeines Interesse an Bildung und Aufstieg für ein entwicklungsfreudiges Klima sorgt.

»Eine wesentliche Leistung des kulturellen Kapitals besteht im Aufbau von Vertrauen«, schreibt Rolf Peter Sieferle, er ruhe in Frieden. »Menschen, die sich kulturell unter Gleichgesinnten bewegen, neigen dazu, diesen Vertrauen entgegenzubringen und nicht in jeder Situation misstrauisch Betrug zu wittern und Schutzmaßnahmen zu ergreifen. In ökonomischer Sicht handelt es sich hierbei um ein Senken von Transaktionskosten.«

Sieferle erinnert an die heute märchenhaft erscheinende Instanz des Geldbriefträgers, der bis in die 1960er Jahre Bargeld an private Adressen zustellte. »Da läuft ein älterer Mann mit einer schweren Geldtasche durch die Straßen, von jedem erkennbar, und es geschieht ihm nichts. Heute müsste er von einem Aufgebot an Bodyguards begleitet werden.«

Das hier in Rede stehende Vertrauen erreichte in den ethnisch-kulturell eher homogenen Ländern Nord- und Westeuropas eine erstaunliche Stabilität und war ein Hauptgrund für deren wirtschaftliche und geistige Leistungsfähigkeit. Dieses Vertrauen – und das ihm zugrundeliegende kulturelle Kapital – werden gerade mit dem Segen der Bundesregierung abgeräumt. Wenn wir heute von deutschen Rentnern lesen, die Betrügern mit dem berühmten daseinsveredelnden Hintergrund auf den Leim gegangen sind, erleben wir, wie gewissermaßen die Restbestände abgemolken werden. Diese alten Leute sind ja nicht zwingend senil, aber in einer Umwelt des gegenseitigen Vertrauens aufgewachsen.

Ich will hier keine gesellschaftliche Entwicklung beschreiben oder beklagen, sondern nur darauf hinweisen, dass kulturelles Kapital in verschiedenen Völkern oder meinethalben Kulturkreisen verschieden verteilt und alles andere als ein Konstrukt ist.

Auf die Frage: »Can most people be trusted?« haben 1990 52 Prozent der Amerikaner und Kanadier mit Ja geantwortet. Anno 2000 waren es nur noch 36 bzw. 39 Prozent. Im selben Jahr antworteten immer noch 67 Prozent der Dänen mit Ja, aber nur drei Prozent der Brasilianer. Wer Vertrauen misst, misst nicht nur den Zivilisationsgrad, er treibt zugleich Völkerpsychologie. Ein Linker würde sagen: Er schürt Vorurteile.

Das Ethos einer Leistungsgesellschaft ist viel zu komplex und hat viel zu tiefe Wurzeln, als dass irgendwer es »konstruieren« könnte. Es ist ein über Generationen gewachsenes Phänomen.

Deswegen dauert es auch vergleichsweise lange, solches kulturelles Kapital zu zerstören. Sie können sich ausmalen, wie kräftig ein Organismus sein muss, der zugleich die Grünen hat und am Morbus Merkel laboriert, aber trotzdem noch wirtschaftlich leistungsfähig ist. Nur: Wenn keine Medizin verabfolgt wird, kommt unvermeidlich der Tag, an dem der Organismus kollabiert. Wenn das kulturelle Kapital einmal zerstört ist, kommt es nie wieder.

Halten wir fest: Kulturelles Kapital ist ethnisch-kulturell verschieden verteilt. Der Fluch des Multikulturalismus besteht darin, dass die Sicherheiten einer über Generationen eingeschliffenen Alltagskultur nicht mehr gelten, dass im Umgang der Menschen keine Selbstverständlichkeiten mehr existieren, weil plötzlich unterschiedliche Gruppen auf ein und demselben Territorium unterschiedlichen Verhaltenscodes folgen. Das Missverständnis wird zur Regel, seine Vermeidung zum ersten Gebot. Ein falsches Wort, eine falsche Geste kann katastrophale Folgen haben. Dann müssen die Regeln des Zusammenlebens tatsächlich täglich neu ausgehandelt werden, und zwar nach den Kriterien des Stärkeren. Das gesellschaftliche Ritual der Geschlechter beispielsweise, der ganze Kosmos von Galanterie, Koketterie, Flirt, Rendezvous, ist dann endgültig passé, nicht nur an amerikanischen Universitäten oder in der Redaktion der *Zeit*. Unbegleitete männliche Flüchtlinge oder glaubensfeste Neumitbürger verklickern ohnehin gerade deutschen Willkommensmädels die Besitzverhältnisse in der neuen Geschlechterhierarchie.

Unsere Ausgangsfrage lautete: Wie »konstruiert« ist »Volk«? Wir haben festgestellt: Volk ist deutlich mehr als Staatsbürgerschaft. Jeder sieht auf den ersten Blick, dass sich ein Japaner von einem Kongolesen unterscheidet, dass ein Algerier anderer Wesensart ist als ein Schwede. Allein dass in Frankreich die Gelbwesten trotz extremer staatlicher Repressionen nicht aufhören, auf die Straße zu gehen, während auf der anderen Seite des Rheins das Motto »Lieb Vaterland, magst ruhig sein« unbeirrt gilt, verdeutlicht die Existenz von Nationalcharakteren sehr anschaulich.

Während die empirische psychologische Forschung längst registriert hat, dass Fremd- und Selbstzuschreibungen von ethnisch-kulturellen Gruppen erstaunliche Übereinstimmungen ergeben, schlagen uns Politik und Feuilleton die Begriffe »Vorurteile« und »Stereotype« um die Ohren. Ich möchte mit einem Kabarettisten antworten, dessen Name mir entfallen ist: Nennen Sie mir *ein* Vorurteil, das falsch ist! Das Vorurteil ist jenes Organ, mit dem wir uns das Universum aneignen, sagt Gómez Dávila. Was wiederum die Stereotype angeht, so gibt es in den USA seit einem Vierteljahrhundert eine Forschungsrichtung mit dem Namen *stereotype accuracy*. Zu deutsch: Stereotypengenauigkeit. Diese Disziplin befasst sich, trotz aller *political correctness,* mit dem Realitätsgehalt von Stereotypen, weil dieser Realitätsgehalt eben recht hoch ist. Was mich persönlich wenig wundert. Vorurteile und Stereotype sind geronnene kollektive Erfahrung.

Es hat zwischen den Völkern und Nationen immer Wanderungsbewegungen gegeben, so weit liegen unsere linken Lautsprecher richtig. In Europa waren das allerdings nahezu ausschließlich Binnenwanderungen. Ausnahmen bildeten die Züge der Hunnen und Ungarn – die Mongoleneinfälle haben uns ethnisch kaum erreicht –, deren Besonderheit sich bis heute in der ungarischen Weltsprache manifestiert, sowie die Eroberung Südspaniens durch die Araber. Solche Wanderungen waren entweder Eroberungszüge, oder sie resultierten aus wirtschaftlichen Notlagen; mitunter überschnitten sich beide Motive wie beim Einfall der Cimbern und Teutonen ins römische Reich.

Wenn sie nicht als Eroberer kommen, passen sich Einwanderer normalerweise dem Habitus der Aufnahmegesellschaft an und verändern diese dabei unmerklich. Normalerweise ist dieser Vorgang allein schon im Eigeninteresse der Einwanderer mit der zweiten Generation abgeschlossen. Wenn sich solche Prozesse sozusagen tröpfchenweise vollziehen, erzeugen sie kaum Probleme, und so ist es im nachantiken Europa auch immer gewesen. Vollzieht sich dieser Prozess hingegen zu schnell, kann sich die neue Gruppe nicht integrieren – integrieren muss sich immer der Einwanderer selber –, und bildet ein separiertes eigenes Milieu. Goethe hat über eine andere Art von Migranten, die Fremdwörter, gesagt, die »Gewalt einer Sprache« bestünde nicht darin, »daß sie das Fremde abweist, sondern daß sie es verschlingt«. Er vertraute darauf, dass eine solide Verdauung schon mit dieser Aufgabe zurechtkomme. Allerdings hat auch der beste Magen seine Kapazitätsgrenzen. Wird das Verdauungssystem notorisch überlastet, verfettet der Organismus und wird krank.

Deutschland kann die ihm zugewiesenen Fremden schon lange nicht mehr verdauen, und trotzdem wird die deutsche Gans weiter gestopft. Wer heute hier einwandert, muss sich nicht mehr integrieren, weil er schon bestens in seine jeweilige ethnisch-kulturelle Parallelgesellschaft integriert ist und seine Versorgung völlig unabhängig von seinem Anpassungswillen stattfindet. Das *kann* nicht gutgehen. Im Mangel- oder Krisenfall werden sich die Einwanderer dann zu ethnisch-kulturell definierten *pressure groups* formieren, die ihre Partikularinteressen durchzusetzen versuchen. Auch wenn das einwandernde Kollektiv sich *per se* von den Einheimischen abgrenzt, deutlich abweichende Sitten pflegt und sich im Fortpflanzungsverhalten unterscheidet, sind Konflikte unausweichlich. Dann hat man es weniger mit Einwanderern zu tun als vielmehr mit Eroberern. Ein Land muss verrückt sein, wenn es solches Verhalten auch noch mit Steuergeldern fördert.

Die Idee, es gebe keine Volkszugehörigkeit außerhalb der Staatsbürgerschaft mehr, ist ausschließliches Geheimwissen der politischen und kulturellen Eliten einiger weniger westlicher Länder, voran Deutschland. So wie Sie morgens, wenn es Ihnen in der Nacht zufällig entfallen sein sollte, unter der Dusche sofort sehen, ob Sie ein Junge oder ein Mädchen sind, so sehen Sie den meisten Menschen umstandslos an, welcher Ethnie sie angehören, und so wird man Sie im Bürgerkriegsfall umstandslos Ihrer Ethnie zuordnen. Im Ernstfall gibt es keine Konstrukte.

Die Völkerpsychologie, eine aus den bekannten Gründen eher als anrüchig geltende Wissenschaft, hat schon lange nachgewiesen, dass sich Nationalcharaktere bzw. ethnische Prägungen auch im Ausland erhalten, sogar über Generationen. In seinem eindrucksvollen Buch *Völkerpsychologie* verschafft Andreas Vonderach dem Leser einen Überblick über die Geschichte und den Erkenntnisstand seines Genres. Ich zitiere einen Passus aus dem Kapitel »Moral- und Kriminalstatistik«.

»Aufschlussreich sind Daten aus den Staaten, in denen verschiedene Völker lebten. So war in Österreich-Ungarn die Gewaltkriminalität in allen nicht deutschen Gebieten größer als in den deutschen. Die Juden wiesen nur eine sehr geringe Gewaltkriminalität auf, dafür aber hohe Werte bei Betrug. Die Zigeuner waren beim Diebstahl stark vertreten. Auch innerhalb des zaristischen Russlands war die Gewaltkriminalität bei Deutschen und bei Juden am geringsten. Am meisten neigten dort die Kaukasus-Völker und die Tataren zu Gewalttaten.

Das europäische Verteilungsmuster spiegelte sich auch in der amerikanischen Gesellschaft wider. Auch hier hatten die Nachkommen der aus Nord- und Westeuropa Eingewanderten eine viel geringere Straffälligkeit als die der aus Süd- und Osteuropa Stammenden.«

Linke und liberale Soziologen bringen bei solchen Statistiken die sozialen Verhältnisse als wichtigste Einflussgröße ins Spiel. Unbeantwortet lassen sie die Frage, warum verschiedene Völker oder Ethnien verschiedene soziale Verhältnisse herstellen.

Allerdings haben empirische Untersuchungen ergeben, dass sich bereits Neugeborene in ihrem Verhalten nach ihrer Ethnie unterscheiden. So beginnen weiße Babys leichter zu schreien und sind schwerer zu beruhigen als chinesische Babys, die weniger erregbar und mit fast jeder Lage zufrieden sind, in die man sie bringt. Diese Unterschiede galten übrigens auch für Babys chinesischer Herkunft in den USA.

Am interessantesten wird es – und hier beginnt zugleich die Zone der akademischen Kopfschüsse, weil das derzeit größte Tabu der westlichen Welt den Weg sperrt –, wenn *genetische* Unterschiede zwischen den großen ethnischen Gruppen zur Erklärung für unterschiedliches Verhalten herangezogen werden. Zum Beispiel eben für die unterschiedliche Gewaltneigung.

Wir kennen dieses Problem aus den Diskussionen um kriminelle Zuwanderer in Deutschland. Statistisch ist deren Kriminalität, verglichen mit den Eingeborenen, um ein Vielfaches höher, was trotz mehr oder weniger smarter Statistikmanipulation, trotz Dunkelfeld und Gesinnungsdruck nicht mehr offiziell geleugnet werden kann. Man beschallt uns freilich multimedial mit der endgültigen Wahrheit, die Herkunft habe nichts damit zu tun, Flüchtlinge seien nicht per se krimineller als Deutsche, auch wenn sie pro Kopf deutlich mehr Straftaten begehen, andere Faktoren seien dafür verantwortlich, es handle sich vor allem um junge Männer, also eine Gruppe, die überall auf der Welt die meisten Straftaten begehe, sie seien oft traumatisiert, vegetierten weiberlos und ohne ihre Familie in überfüllten Heimen und so weiter. Wenn Holger und Jochen so leben müssten, würden sie genau so oft straffällig werden wie Achmed und Mustafa. Denn alle Menschen und Ethnien sind gleich.

Also, was uns diese Wohlmeinenden eigentlich vorrechnen, ist folgendes: Wenn Martin im selben Land wie Muhammad geboren wäre, seine Eltern und Vorfahren aus demselben Milieu stammten und derselben Religion folgten, wenn er genauso aufgewachsen wäre, dieselbe Bildung erfahren, einen ähnlichen Beruf gelernt, überhaupt ein ähnliches Schicksal hätte, dann wären beide auch in einem ähnlichen Maße gewaltaffin. Zwar hat der FC Schalke 1:7 gegen Manchester City verloren, aber wenn wir statistisch alles herausrechnen, was zu Schalkes Ungunsten spricht, Budget, Trainer, Spielergehälter, Konkurrenzdruck in der Liga und so weiter, liefe die Sache auf ein Remis hinaus.

Und nun kommen Verhaltenspsychologen mit der Erkenntnis, dass die unterschiedliche Gewaltneigung innerhalb von Ethnien mit genetischen Unterschieden korreliert. Ich meine das Mono-amino-oxidase A-Gen, kurz MAOA-Gen, das auf den plakativen Namen »Krieger-Gen« getauft wurde. Es handelt sich um ein Gen auf dem X-Chromosom, das in mehreren Allelen vorstellig wird. Seit den 1990er Jahren ist bekannt, dass das Vorkommen eines dieser Allele mit aggressivem Verhalten korreliert. Die genetischen Details sind kompliziert, zusammenfassend lässt sich konstatieren, dass das MAOA-2R-Allel nur bei 0,1 bis 0,5 Prozent der Europäer vorkommt, bei amerikanischen Schwarzen mit Werten zwischen 4,7 bis 5,5 Prozent deutlich häufiger ist, bei Chinesen überhaupt nicht gemessen wurde, aber bei Arabern den beeindruckenden Wert von 15,6 Prozent erreicht.

Die Volksempirie – das Vorurteil – sagt bekanntlich schon lange, Araber seien heißblütig. Die Genetik pflichtet dem jetzt bei. Eine plausible, wenn auch nicht allumfassende Erklärung lautet: Eine kriegerische, patriarchalische Beduinenkultur, in der Polygamie praktiziert wird, hat über Jahrhunderte im Kampf erfolgreiche, aggressive Männer mit mehreren Frauen und zahlreichen Nachkommen versorgt, während weniger aggressive Männer von der Fortpflanzung ausgeschlossen wurden. Plausibel oder nicht – in unserem Zusammenhang genügt die Feststellung des signifikanten Unterschieds. Auch das deckt sich mit den Alltagsbeobachtungen und den Pressemeldungen über Vorfälle mit »Gruppen« in Deutschland. Aggressivität kann durchaus im Blut liegen. Dass sich verschiedene Ethnien unterschiedlich verhalten, ist alles andere als ein Stereotyp oder »Konstrukt«. Ein Blick in die Gefängnisse gibt darüber Aufschluss. »Krieger-Gen« bedeutet übrigens nicht, dass dessen Träger besonders kriegstauglich sind, sondern dass ihre Affektkontrolle schlechter funktioniert als bei anderen; das kann einer wesentlich auf Disziplin fußenden Kriegstauglichkeit sogar entgegenstehen.

Dennoch hat es heutzutage wenig Sinn und wäre auch moralisch fragwürdig, an einem rein ethnischen Nationenverständnis festzuhalten. Wir können überall in Deutschland Kinder und Jugendliche beobachten, bei denen man sieht, dass sie keiner europäischen Ethnie entstammen, die sich aber in ihrem Benehmen, in ihrer Sprache, in ihrem *Habitus* von ihren deutschen Mitschülern nicht unterscheiden. Die sind einfach Deutsche geworden, indem sie die Gepflogenheiten ihrer

Umwelt angenommen haben. Eigentlich ist das die normalste Sache der Welt. Gerade die deutschen Auswanderer haben sich immer vorbildlich, ja streberhaft in ihre neuen Nationen eingefügt, und dafür wurden sie geschätzt. Ein Schwarzer, Asiate, Orientale oder Südamerikaner, der hier geboren ist, meine Sprache spricht, meine Kultur achtet, seine Rechnungen selber bezahlen will und sich zu Deutschland als Heimat bekennt, ist mein Landsmann. Und wenn er die Tracht anzieht und mit mir auf die Wies'n geht, erst recht.

Mein mittlerer, angeheirateter Sohn stammt ab von einer in Russland geborenen Israelin und einem Japaner. Er ist in Deutschland zur Welt gekommen, deutscher Staatsbürger und erkennbar kein ethnischer Deutscher. Er geht auf ein deutsches Gymnasium, Deutsch ist seine Muttersprache, er liest vor allem deutsche Bücher, wenngleich entsetzlich wenige, er spielt Schubert, Mozart und Bach auf dem Klavier. Ich habe ihn auch schon mit Bier erwischt, Augustiner immerhin. Nur vor den »Fridays for Future«-Saturnalien hat er sich bislang erfolgreich gedrückt. Er ist eben kein richtiger Deutscher.

Aber zahlreiche hierzulande geborenen Kinder und Jugendliche fremdethnischer Abstammung haben sich in ihrem Habitus überhaupt nicht angeglichen und wollen offenkundig nicht dazugehören. Man muss sich nur vorstellen, die Bundesregierung lüde zum nächsten »Integrationsgipfel« abwechslungshalber einmal nur nichtmuslimische Einwanderer ein, also Einwanderer aus Osteuropa, Südamerika, Vietnam, Israel, Japan, Russland etc. pp. Die Veranstaltung käme zu zwei Ergebnissen: Ein Integrationsgipfel ist unnötig bei Menschen, die sich integrieren wollen, und es gibt speziell eine Gruppe, für die das nicht gilt. Komme mir keiner mit vorwiegend sozialen Ursachen von Segregation und Misserfolg; die Vietnamesen, die hier einwandern, stehen anfangs sozial nicht besser da als der durchschnittliche Moslem oder Nafri, sie werden vom deutschen Staat eher benachteiligt – aber eine Generation später findet man sie an den Gymnasien und Universitäten. Ohne den sogenannten *brain drain* aus Ostasien stünden die Universitäten und IT-Firmen an der amerikanischen Westküste nicht so gut da.

Die politischen Folgerungen aus dieser Tatsache sind evident, aber heute nicht mein Thema.

Es kann also gewissermaßen auch im Volkscharakter angelegt sein, ob man sich in der Fremde anpasst oder nicht und ob man sich sogar so weit anpasst, dass man völlig im neuen Volk aufgeht wie die deutschen Adligen mit Katharina der Großen an der Spitze in den europäischen Herrscherhäusern, wie vielleicht eines Tages Frau Merkel in Paraguay, wie die deutschen Auswanderer in Amerika. Der hohe Wert, den in den USA die Feststellung genießt, jemand *did a great job,* ist – auch – eine Spur der deutschen Mentalität in der amerikanischen Gesellschaft.

Andererseits ist gerade Amerika, *the land of the free,* das multikulturelle und multiethnische Zukunftslabor, *the melting pot,* derzeit der beste Beleg dafür, dass wohl doch nicht alle Völkerflüsse in den Ozean der Weltzivilisation streben. *The Disuniting of America,* das Arthur Schlesinger schon Anfang der 1990er Jahre prophezeite, befindet sich in vollem Gange. Das Betriebsgeheimnis der Globalisten und Universalisten besteht darin, dass sie ungewollt lauter neue Partikularismen erzeugen, und deren Träger sind nicht Habermassche herrschaftsfreie Kommunikationskollektive, sondern Ethnien und Völkerschaften. Kluge Regierungen werden darauf reagieren, indem sie die Anpassung von Einwanderern an ihre nationalen Eigenarten fördern und belohnen, gegebenenfalls erzwingen.

Unsere Gleichmacher und Eigenarts-Planierer indes haben sich auf eine Sisyphos-Aufgabe eingelassen. Die in Jahrtausenden gewachsenen Unterschiede zwischen Rassen, Völkern und Kulturen werden sich im Laufe ihres Menschenalters und Kommunikations-Epöchleins weder abschleifen noch gar beseitigen lassen. Das ahnen oder wissen sie natürlich längst. Deswegen haben sie beschlossen, jeden unnachsichtig als Rassisten und Menschheitsfortschrittsfeind zu verfolgen, der solche Unterschiede überhaupt thematisiert. Ihr Geifer wird uns in den kommenden Jahren begleiten, und er soll Musik in unseren Ohren sein. Diese Sisyphosse muss man sich gewiss nicht als glückliche Menschen vorstellen.

Ich konnte nur einige Aspekte dieses Themas anreißen, muss aber jetzt zum Schluss kommen. Lassen wir uns unsere Alltagserfahrungen nicht ausreden, und stellen wir uns der Herrschaft der gutgemeinten Lügen entgegen. Lassen wir die Völker und ihre Eigenarten, lassen wir die Flüsse hochleben. Der Weg zum Ozean ist noch unabsehbar weit. *Vive la différence!*

AHASVER IST SESSHAFT GEWORDEN – UND RECHTS

Rede, gehalten auf einem Symposion zum »Israelbild in deutschen Medien« am 27. Februar 2020 im Düsseldorfer Landtag

Meine verehrten Damen, meine Herren,

es gehört zu den politischen Ritualen dieser Republik, die besondere Verantwortung Deutschlands gegenüber den Juden und dem Staat Israel zu beteuern. Wir haben sogar einen Minister, der nach eigenem Beteuern wegen Auschwitz in die Politik gegangen ist; ein Exempel, an dem sich studieren lässt, dass auch im ernsteren Genre der Übergang zur Schamlosigkeit fließend ist. Als die Welt noch sauber in zwei Blöcke geteilt war und die Bekenntnisse zu Israel außer etwas Steuerzahlergeld nichts kosteten, konnten sie wohlfeil und folgenlos vorgetragen werden. Diese Zeiten haben sich geändert. Der Bekenntniszwang wird von Tag zu Tag schwächer – ich werde auf die Gründe zu sprechen kommen –, und die Bekenntnisse selber werden von Tag zu Tag lächerlicher.

Wir leben inzwischen in einem Deutschland, in dem man sich als Jude in vielen Gegenden besser nicht mit Kippa und Davidstern zeigt – was so fest mit dem Aufkommen der AfD zusammenhängt wie das Fieber mit dem Thermometer. Die Bundeskanzlerin kann zwar nicht für die Sicherheit einzelner Juden in ihrer Landeshauptstadt bürgen, hat aber die Existenz Israels zum festen Bestandteil der deutschen Staatsräson erhoben.

Ist das Folklore oder eine belastbare Aussage? Staatsräson bedeutet ja, dass deutsche Soldaten im Ernstfall an der Seite von israelischen Soldaten kämpfen und sterben müssten. Die meisten Deutschen würden aber nicht einmal für ihr eigenes Land kämpfen, geschweige für ein anderes. In einer Gallup-Umfrage anno 2015 erklärten nur 18 Prozent der befragten Deutschen, dass sie bereit wären, ihr Land zu verteidigen. Bei den Israelis waren es übrigens 66 Prozent.

Unser Land ist heute, trotz zehnfach größerer Bevölkerungszahl, dem Judenstaat militärisch eindeutig unterlegen – aber die Kanzlerin, die im Zweifelsfall mit der Bundeswehr nicht einmal Thüringen erobern könnte, erklärt Israels Sicherheit zur Staatsräson. Das entbehrt nicht einer gewissen Komik. Man könnte den Eindruck gewinnen, dass Frau von der Leyen die deutsche Truppe nur deshalb demolieren sollte, damit solche Bekenntnisse niemals auf die Probe gestellt werden können.

Wie wir des weiteren erfahren durften, gehört zwar das Existenzrecht Israels, aber nicht jenes der Hauptstadt zur deutschen Staatsräson. Die Generalversammlung der Vereinten Nationen verabschiedete am 21. Dezember 2017 eine Resolution, die US-Regierung möge die Anerkennung Jerusalems als israelische Hauptstadt zurücknehmen. Eine der 128 Ja-Stimmen gehörte Deutschland. Der fröhliche Donald in Übersee schert sich freilich nicht um UN-Resolutionen, und es würde mich nicht wundern, wenn er nach seiner Wiederwahl aus der UNO austritt. Anders als in Amerika haben jüdische Wählerstimmen in Deutschland kaum Gewicht, muslimische aber durchaus, und Lippenbekenntnisse kann man nur ablegen, wenn man gewählt wird.

Am Tag der Resolution trat die ZDF-Moderatorin Petra Gerster im Studio vor einen Videoscreen, der ein Luftbild von Jerusalem zeigte, und erklärte ihren überraschten Zuschauern: »Jerusalem grenzt an Israel«. Die israelische Regierung und das israelische Parlament sitzen nach ZDF-Ansicht also im Ausland. Dieser Ansicht ist übrigens auch die Hamas. Wir lernen daraus: Die Verteidigung des israelischen Parlaments gehört nicht zur Staatsräson Merkeldeutschlands. In der Knesset gibt es auch viel zu viele verschiedene Meinungen, da steigst du als Deutscher eh nicht durch.

Nicht so richtig zur deutschen Staatsräson gehört es ferner, gegen Moslems vorzugehen, die *in Deutschland* öffentlich Israel-

Fahnen verbrennen und zur Vernichtung des Judenstaates aufrufen – also jenes Staates, dessen Verteidigung deutsche Staatsräson ist, aber wahrscheinlich nur in Israel. Die deutsche Staatsräson gebietet stattdessen neuerdings, dass noch viel mehr solcher virilen Orientalen ins Land strömen, um dem zuletzt etwas elanlosen deutschen Antisemitismus frisches Blut zuzuführen. Der Historiker Michael Wolffsohn hat der *Neuen Zürcher Zeitung* erklärt, wenn er sich in seinem Bekanntenkreis umhöre, werde ihm überall dasselbe gesagt: »Gewalt gegen Juden geht in Deutschland ausnahmslos von Muslimen aus.«

Frau Merkel wiederum erklärte im April 2018 gegenüber einem israelischen Nachrichtensender, auf ihr bewährtes Rumpeldeutsch vertrauend: »Wir haben jetzt auch neue Phänomene, indem wir Flüchtlinge haben oder Menschen arabischen Ursprungs, die wieder eine andere Form von Antisemitismus ins Land bringen.« Bewährt nenne ich dieses Stummelsprech deshalb, weil es immer heiter und harmlos klingt, nie Ross und Reiter nennt und Erwiderungen darauf ungefähr so vergnüglich sind wie Schlammjoggen.

»Wir haben jetzt auch neue Phänomene in Deutschland« – großes rhetorisches Kino! »Jetzt auch *neue* Phänomene« neben all den altbewährten! Und: »*Wir* haben«. Wir alle! Aber warum eigentlich? Gibt es Ursachen dafür, oder kam dieses »haben« über »uns« wie das Sturmtief »Sabine«? Hat es vielleicht damit zu tun, dass die von Merkel geführte Regierung die größte Antisemiten-Importspedition der Erde ist? Die Kanzlerin spricht darüber im Passiv, als habe sie nichts damit zu tun, so wie sie über No-Go-Areas in Deutschland sagte, »man« – also irgendwer – müsse etwas dagegen unternehmen. Sie selber kann sich mit solchen Kollateral-Petitessen ihres weltpolitischen Waltens nun wirklich nicht befassen.

Tatsächlich verhält es sich mit dem arabischen Antisemitismus in Deutschland so, dass Frau Merkel ihn 2015 *en gros* bestellt hat, und seither wird er geliefert. Das ominöse Bekenntnis der Bundeskanzlerin, Israel zu verteidigen, korrespondiert mit einer Politik, die den Juden das Leben in Deutschland immer ungemütlicher macht. Vielleicht will Frau Merkel ja nur die *Alija* unterstützen, die Rückkehr aller Juden nach *Eretz Israel*.

Meine Damen und Herren, inzwischen ist es wohl auch dem Letzten klargeworden: Wenn deutsche Offizielle beginnen, sich über Israel und die Juden zu äußern, hat der Showteil begonnen. Mit einem trefflichen Bonmot von Alexander Wendt: »Die beliebtesten Juden in Deutschland sind Herr und Frau Stolperstein.«

Ich möchte allerdings festhalten, dass Israel auch dann unser natürlicher Verbündeter im Nahen Osten wäre, wenn es die NS-Verbrechen und die deutsch-jüdische Geschichte nicht gegeben hätte – einfach aufgrund der Tatsache, dass es sich um einen Vorposten des Westens und den einzigen Rechtsstaat in diesem Weltteil handelt. Israel hat die Wüste zum Blühen gebracht und zeigt seit sieben Jahrzehnten eine bemerkenswerte Selbstbehauptungskraft inmitten einer feindlich gesinnten Umwelt. Das kann man nur bewundern.

Wer die deutschen Medien verfolgt, gewinnt freilich eher den Eindruck, dass die Israelis dafür kritisiert werden müssen. Die Zuneigung unserer rot-grünen Humanisten gilt ja den toten Juden, weil die im Kampf gegen »rechts« und Dunkeldeutschland besser zu gebrauchen sind als quicklebendige, patriotische, auf Grenzen beharrende Israelis, die ganz und gar nicht bereit sind, in ihrem Land die Bedingungen des Zusammenlebens auszuhandeln. Im Gegenteil: In Israel wird der Westen tatsächlich verteidigt.

Im Juli 2018 verabschiedete das israelische Parlament ein Gesetz über den Nationalcharakter Israels. Es legt Staatszweck, Fahne, Hymne, Hauptstadt, Amtssprache, Gedenktage und das Einwanderungsrecht von Juden nach Israel fest. Die Tatsache, dass ein Parlament den Charakter seines Landes erhalten und nicht abschaffen will, löste in deutschen Redaktionen allergische Reaktionen aus. Das Nationalstaatsgesetz, erklärten deutsche Medien, werde die Demokratie in Israel abschaffen und die Araber, die im Land leben, völlig entrechten. »Ein Israel nur für Juden?« lautete beispielsweise die Schlagzeile von *Zeit online*, und lediglich das Fragzeichen machte aus der türknallenden *Fake News* eine gleichsam auf Zehenspitzen eintretende.

In der *Tagesschau* vom 19. Juli eröffnete die Sprecherin ihr Interview mit der Israelkorrespondentin Susanne Glass mit den Worten: »Ein Hassgesetz, sagen die Araber.« Frau Glass ließ sich nicht lumpen und tat kund, »die israelische Bevölkerung« sei »in den letzten Jahren immer weiter nach rechts gerückt«. Einzelne Paragraphen des neuen Gesetzes, fuhr sie fort, könnten »innerhalb der EU als fast apartheidfördernd« angesehen werden – gott- bzw. allahlob nur innerhalb der EU und nur »fast«. Der *Süddeutsche Beobachter* sekundierte tags darauf mit der Zeile »Diskriminierung per Gesetz« und kommentierte: Zwar dürfe jeder Staat seine Symbole und Riten festlegen, aber was Israel veranstalte, sei »ein ganz bewusster Akt der Exklusion«. Anstatt sich in seine jederzeit zum Massenkuscheln bereite arabische Umgebung zu inkludieren!

Was in dem Gesetz geschrieben steht, erfuhren die deutschen Leser oder Zuschauer nicht. Dabei wäre es nicht schwer gewesen, die elf äußerst kurzen Artikel, die insgesamt etwa 20 Textzeilen umfassen, einfach unkommentiert abzudrucken.

Sagte ich: unkommentiert? Nun, das wäre vielleicht zu viel verlangt gewesen, denn aus offizieller deutscher Perspektive handelt es sich bei den meisten Punkten um Anachronismen beziehungsweise, wie es unter den Hochbegabten der geisteswissenschaftlichen Fakultäten heißt, um Konstrukte.

So definiert sich Israel in dem neuen Gesetz beispielsweise als Heimat der Juden – ganz anders als Deutschland, das bekanntlich keine exklusive Heimat der Deutschen mehr ist, sondern ein Siedlungsgebiet für alle, die Asyl beantragen und bereit sind, den Modus des Zusammenlebens täglich neu auszuhandeln.

Das israelische Staatsziel besteht dem Nationalstaatsgesetz zufolge darin, die Sicherheit aller Mitglieder des jüdischen Volkes zu gewährleisten – anders als in Deutschland, wo nach Auskunft des Spitzenjuristen und damaligen Justizministers Heiko Maas ein Recht auf Innere Sicherheit gar nicht erst existiert, insbesondere nicht exklusiv für diejenigen, die zufällig schon länger dort leben.

In dem Gesetz wurden außerdem Hauptstadt, Staatssymbole, Kalender, Sprache und Feiertage festgelegt – auch das ist ein bisschen anders als in Deutschland, wo Staatssymbole als überholt und voll peinlich gelten, wo die Kanzlerin einem närrischen Minister die Landesfahne aus der Hand reißen und wegschaffen muss, damit der nicht auf offener Bühne den Nazi spielt, und wo die Landessprache und die Feiertage demnächst sowieso neu verhandelt werden.

Zuletzt erklärte das Nationalstaatsgesetz die jüdische Einwanderung für erwünscht und den jüdischen Siedlungsbau zum nationalen Wert. Auch das ist in Deutschland anders, wo nur noch trans- und internationale Werte gelten, aber Siedlungsbau ist durchaus erwünscht, sofern die Siedler nicht zu den Herkunfts-, sondern zu den Zukunftsdeutschen gehören. Den Nationalstaat haben die Deutschen zum Glück längst überwunden.

Meine Damen und Herren, bei einem reichlichen Fünftel der Einwohner des Staates Israel handelt es sich um Araber. Der Gaza-Streifen dagegen ist judenfrei. Würden Sie lieber als Araber in einem jüdischen Staat leben wollen oder lieber als Jude in einem arabischen Staat?

In dem neuen Gesetz steht übrigens kein Wort über oder gegen Araber. Für Diskriminierung zu erklären, was bloß Bevorzugung ist, das ist der ethische Krebs unserer Zeit. Bekanntlich kommen Araber aber nicht nur zum Leben und Arbeiten nach Israel, sondern auch, um Israelis durch Terroranschläge zu töten. Dagegen schützt sich der Staat Israel mit einer befestigten Grenze. Auch das tun die braven postnationalen und poststaatlichen Deutschen nicht, sie stellen stattdessen überall im Landesinneren Merkellegosteine auf. Wahrscheinlich ist doch was dran an dem alten Antisemitengerücht, dass die Juden schlauer sind.

Wie auch immer, es war jedenfalls erwartbar, dass die *Tagesschau* das 30-jährige Jubiläum des innerdeutschen Mauerfalls im vergangenen November als Gelegenheit erkennen würde, um *sämtliche* Grenzen der Erde als einreißenswürdig zu deklarieren. Dafür musste man nur den Grund für den *Mauerbau* – den Staatssozialismus – als vernachlässigbar deklarieren. Das neue historische Narrativ, das aus nahezu sämtlichen deutschen Medien vernehmbar wurde, lautete: Im Herbst 1989 gingen die Menschen in der DDR für Buntheit, Weltoffenheit und gegen Abschottung auf die Straße. Grenzen sind schlimm, und die schlimmen Rechtspopulisten wollen heute wieder welche bauen.

Die *Tagesschau* brachte es am 13. August – also am Tag des *Mauerbau*-Jubiläums – fertig, den Stacheldrahtverhau um

Honeckers 16-Millionen-Knast in einem Atemzug mit der israelischen Grenze und der amerikanischen Grenze zu Mexiko zu nennen, die im Gegensatz zur Berliner Mauer leider immer noch Menschen ausgrenzten. Die Staatsfunker setzten also Honeckers Laufstallbegrenzung, an der es, wenn du von drinnen ins Freie wolltest, den Fangschuss setzte, auf verschwiemelte Weise mit Grenzen gleich, mit denen sich freiheitliche Staaten gegen illegale Einwanderer und, was Israel betrifft, gegen Terroristen schützen. Das hätte unseren hinkenden kleinen Doktor aus Rheydt bestimmt amüsiert.

Damit wäre ich bei meinem dritten und letzten Beispiel angelangt, dem *Tagesschau*-Kommentar zur Gedenkveranstaltung anlässlich der Befreiung von Auschwitz am 23. Januar in Jerusalem, mit dem sich Sabine Müller vom *Hessischen Rundfunk* fünf Minuten Ruhm erhaschte. Bekanntermaßen stehen deutsche Politiker international nie mehr im Mittelpunkt, als wenn sie sich öffentlich für deutsche Schandtaten schämen. Das Problem war diesmal nur, dass »Israel und Russland diesen Gedenktag teilweise kaperten«, wie Frau Müller klagte. Das fand unsere Scham-Germanozentrikerin vom Hessischen Rundfunk »unwürdig«. Netanyahu und Putin, rügte sie, hätten »vor der offiziellen Veranstaltung sozusagen ihre eigene politische und erinnerungspolitische Privatparty« gefeiert und dabei »die Einweihung eines Denkmals zur Erinnerung an die Belagerung Leningrads gnadenlos überzogen«.

Puristen könnten jetzt einwenden, dass ja auch die Heeresgruppe Nord die Belagerung von Leningrad mit fast 900 Tagen gnadenlos überzogen hat – aber warum soll ich Witze machen, wenn es schon die *Tagesschau* erledigt. So zitiere ich lieber noch ein bisschen aus dem Kommentar, es ist gar zu verlockend:

»Was ein würdiger Tag mit eindrucksvollen Signalen sein sollte, hinterlässt einen schalen Nachgeschmack, allen warmen Worten von ›Nie wieder‹ bei der Gedenkfeier und allen Beschwörungen der Einigkeit zum Trotz. Wie damals bräuchte es auch heute eine konzertierte, gemeinsame Anstrengung gegen neuen Antisemitismus, gegen neues völkisches Denken. Aber es sind Zweifel angebracht, wie viel internationale Einheit wirklich da ist und wie sehr letztlich nicht doch nationale Eigeninteressen dominieren. Dass Putin und Netanyahu immerhin ihre Auftritte bei der Gedenkveranstaltung in Yad Vashem eklatfrei hinter sich brachten, ändert nichts an diesen Zweifeln.«

»Israel kapert Holocaust-Gedenkveranstaltung, bringt sie aber eklatfrei hinter sich«, wäre eine gute Schlagzeile gewesen.

Wie die gewünschte »konzertierte, gemeinsame Anstrengung gegen neuen Antisemitismus« aussehen soll, dafür konnte unsere ARD-Kommentatorin auf die Schnelle kein Exempel anbieten. Ich hätte eines: den UN-Menschenrechtsrat. Auf der *Wikipedia* ist eine Statistik der Länder aufgeführt, die vom Menschenrechtsrat gerügt wurden. Sie reicht leider nur von 2006 bis 2015, doch es gibt keinen Grund anzunehmen, dass es heute anders ausschaut.

Von den Verurteilungen, die der UN-Menschenrechtsrat in diesem Zeitraum aussprach, entfielen:

61 auf Israel

15 auf Syrien

12 auf Myanmar/Birma

8 auf Nordkorea

4 auf den Iran

Israel schlägt Nordkorea bei den Menschenrechtsverletzungen mit 61 zu 8!

Zu den ständig wechselnden Mitgliedsstaaten im Menschenrechtsrat gehörten in der fraglichen Zeit u.a. Indonesien, Saudi-Arabien, Pakistan, Algerien, Nigeria und der Kongo. Ich kann mich nicht entsinnen, dass ein *Tagesschau*-Kommentator das »unwürdig« fand und einen »schalen Nachgeschmack« verspürte.

Meine Damen und Herren, warum ist das so? Gestatten Sie, dass ich zur Antwort etwas aushole.

Manche von Ihnen werden das Buch des Londoner Journalisten David Goodhart kennen: *The Road to Somewhere: The Populist Revolt and the Future of Politics*, erschienen 2017.

Darin definiert Goodhart, der lange für die *Financial Times* arbeitete und schließlich sein eigenes Magazin *Prospect* gründete, zwei neue gesellschaftliche Gruppen oder Klassen, die er die »Anywheres« und die »Somewheres« nennt. Beide Worte bedeuten »irgendwo«, aber »anywhere« ist ein abstraktes, »somewhere« ein konkretes Irgendwo. Sie beschreiben den Gegensatz zwischen traditionell lebenden, sesshaften Menschen und modernen Berufs- und Gesinnungs-Nomaden. Übrigens hat Theresa May diese Begriffe in der Debatte um den Brexit aufgegriffen.

Die Gruppe der »Anywheres« besteht, Goodhart zufolge, aus denjenigen, die gebildet und beruflich mobil sind, ihre Karriere verfolgen, heute hier, morgen dort leben und aktuell unsere Kultur und Gesellschaft dominieren. Solche Menschen besitzen, wie der englische Journalist formuliert, »tragbare Identitäten«. Aus ihnen besteht das liberale, globalistische Establishment. Beim Brexit-Votum haben diese Leute mehrheitlich für die EU gestimmt. Auf der anderen Seite stehen Menschen, die in ihrem Territorium, ihrer Tradition und kulturellen Identität verwurzelt sind, die sich von den schnellen Veränderungen der modernen Welt verunsichert fühlen und deren Art zu leben im Übrigen tatsächlich bedroht ist. Die Angehörigen dieser Gruppe, schreibt Goodhart, gehörten in den vergangenen Jahren sowohl wirtschaftlich durch den Abbau für sie zugänglicher Arbeitsplätze als auch kulturell zu den Verlierern, da ihre Ansichten in der Öffentlichkeit marginalisiert, wenn nicht verhöhnt würden.

Der wichtigste Nährboden für »Anywhere«-Identitäten seien die Universitäten. Zwar befänden sich die »Anywheres« in der Minderheit, doch die relative Kleinheit dieser neuen Klasse stehe in einem erheblichen Widerspruch zu ihrer Bedeutung. Goodhart zufolge hat die Unterscheidung zwischen »Anywheres« und »Somewheres« die alte zwischen Links und Rechts abgelöst.

Wir haben es hier mit einem Schema zu tun, das eine erhellende Perspektive auf die modernen westlichen Gesellschaften eröffnet, die ja samt und sonders zutiefst gespalten sind. Andererseits sind Schemata immer Prokrustesbetten, in die auch hineingezwängt wird, was nicht hineinpasst. Wenn ich Sie jetzt fragen würde, ob Sie sich zu den »Somewheres« oder »Anywheres« zählen, könnten sich die meisten wahrscheinlich nicht spontan entscheiden. Das dürfte damit zusammenhängen, dass Sie beides in sich tragen. Es besteht eine große Schnittmenge beider Gruppen, und es gibt auch schon einen Begriff dafür: die »Inbetweeners«. Wahrscheinlich könnten Sie sich etwas leichter entscheiden, wenn die Frage lautete: Zählen Sie sich *eher* zu den »Somewheres« oder *eher* zu den »Anywheres«? Es ist im Übrigen nicht unwahrscheinlich, dass Sie sich eines Tages entscheiden *müssen*.

Goodhart war nicht der erste, der auf diese Neuformatierung der westlichen Gesellschaften hinwies. In einem Interviewband namens *Die Krisen der Demokratie*, der 2003 erschienen ist, konstatierte Lord Ralf Dahrendorf die Entstehung einer »neuen sozialen Klasse«, die Goodharts »Anywheres« vorwegnahm. Deren Angehörige seien mobil und überquerten ständig Grenzen. Alles, was »global« ist, empfänden sie als positiv, nationale Regierungen, Gesetze und demokratische Institutionen dagegen als anachronistische Behinderungen. Über die dort getroffenen Entscheidungen müsse man sich hinwegsetzen. Schon die Zugehörigkeit zu einem Land empfänden diese Leute als lästig.

Wie Goodharts »Anywheres« folgen sie der Devise: Freier Fluss von Waren, Informationen und Menschen, und zwar möglichst auf dem gesamten Planeten!

Warum erzähle ich Ihnen eigentlich davon? Hieß das Thema nicht ursprünglich: Das Israelbild in deutschen Medien? Bin ich noch bei der Sache? Keine Sorge, ich bin es. Aber eine Schleife muss ich noch fliegen.

In einem Gastbeitrag in der *FAZ* vom 6. Oktober 2018 äußerte sich Alexander Gauland zu diesem Thema: »Im Zuge der Globalisierung hat sich nach dem Ende des Ost-West-Konflikts eine neue urbane Elite gebildet, man könnte auch von einer neuen Klasse sprechen. Zu ihr gehören Menschen aus der Wirtschaft, der Politik, dem Unterhaltungs- und Kulturbetrieb – und vor allem die neue Spezies der digitalen Informationsarbeiter. Diese globalisierte Klasse sitzt in den international agierenden Unternehmen, in Organisationen wie der UN, in den Medien, Startups, Universitäten, NGOs, Stiftungen, in den Parteien und ihren Apparaten, und weil sie die Informationen kontrolliert, gibt sie kulturell und politisch den Ton an. Ihre Mitglieder leben fast ausschließlich in Großstädten, sprechen fließend Englisch und wenn sie zum Jobwechsel von Berlin nach London oder Singapur ziehen, finden sie überall ähnliche Appartements, Häuser,

Restaurants, Geschäfte und Privatschulen. Dieses Milieu bleibt sozial unter sich, ist aber kulturell ›bunt‹.

Das hat zur Folge, dass die Bindung dieser neuen Elite an ihr jeweiliges Heimatland schwach ist. In einer abgehobenen Parallelgesellschaft fühlen sie sich als Weltbürger. Der Regen, der in ihren Heimatländern fällt, macht sie nicht nass. Sie träumen von der *one world* und der Weltrepublik.«

Danach beschrieb Gauland die Gegenseite, die sich, grob gesagt, zusammensetzt aus der nationalen Arbeiterschaft und dem nationalen Bürgertum, wozu Selbständige, kleine und mittelständische Unternehmen gehören, also die Sesshaften, denen Heimat – »territoriale Loyalität«, wie Roger Scruton das nannte, er ruhe in Frieden – ein Wert an sich ist, und die nicht einfach wegziehen und woanders golfen können. Auf welcher Seite die Populisten stünden, schloss er, sei klar.

Was tags darauf losging, war wirklich komisch. »Gauland argumentiert wie Hitler«, stand auf der Titelseite des kanzleramtsnahen Berliner *Tagesspiegels*. Und damit wären wir endlich wieder beim Israel-Bezug: Die globalistische Klasse Gaulands, lautete die Unterstellung, das könne doch nur, ja was denn sonst, Hitlers »Weltjudentum« sein.

Es waren zwei Historiker, die sich für diese These hergegeben hatten, darunter Wolfgang Benz, der seit vielen Jahren in elanvoller Beharrlichkeit den Beweis antritt, dass die Antisemitismusforschung noch stupider sein kann als ihr Gegenstand. Über den anderen breite ich hier taktvoll den Tallit des Schweigens.

Tatsächlich fand Hitler damals ähnliche Bilder, um das »internationale« Judentum zu beschreiben, als routinierter Demagoge einen Teil für das Ganze nehmend. Gewiss gab es auch zu Hitlers Zeit international vernetzte und vor allem in der

Geldwirtschaft aktive Juden, und manche davon können durchaus als Prototypen der heutigen »Anywheres« gelten. Aber das gilt natürlich keineswegs nur für jüdische Geschäftsleute. Vielleicht war Jakob Fugger, der seine gesamten frühen Mannesjahre in Venedig verbrachte und ständig durch Europa reiste, der erste »Anywhere«.

Es ist freilich eine böswillige Unterstellung gewesen, zu behaupten, Juden seien per se nirgendwo zuhause. Auch bei den Juden bildete der Typus des »Somewhere« die Mehrzahl. Gerade unter deutschen Juden. Die Nazis ließen sie nur nicht »Somewheres« bleiben. Sie kappten die Wurzeln, die diese Juden in ihrer deutschen Heimat geschlagen hatten, mit brachialer Gewalt.

Immer wieder als »Somewhere« nicht zugelassen zu werden ist eine jüdische Grunderfahrung. »Und nächstes Jahr in Jerusalem«, lautete fast zweitausend Jahre lang die Parole derjenigen jüdischen »Anywheres«, die gern in einer jüdischen Heimat »Somewheres« sein wollten wie andere Völker auch.

Ein Dreivierteljahrhundert Globalisierung nach Hitler sind Grenzen durchlässig und Identitäten flexibel geworden. Die Schar der Berufsnomaden ist heute weit zahlreicher als die Goldene Horde der mongolischen Steppennomaden, mit welcher sie die Aggressivität gegenüber den Sesshaften teilt. Die Juden wurden von den Römern mit Gewalt in alle Welt zerstreut, die heutigen »Anywheres« sind es freiwillig, wenn auch getrieben von den zentrifugalen Kräfte der Globalisierung. Anders als die Juden kennen die »Anywheres« kein Zurück nach Jerusalem mehr, sondern sie folgen dem Ruf der *One-World*-Ideologie. Weshalb ihre Predigt lautet: »Somewhere«sein ist gestrig, »Somewhere«sein ist ausgrenzend, »Somewhere«sein ist schlecht.

Und nun »haben wir das neue Phänomen«, um in den geflügelten Worten der Kanzlerin zu sprechen, dass Israel, der Staat derjenigen, die ehedem als die Nichtsesshaften schlechthin, als die Katalysatoren der Moderne und die Prototypen der »Anywheres« galten, plötzlich den modernen »Anywheres« im Wege steht.

Es ist ein phänomenaler Wandel: Ahasver ist sesshaft und »rechts« geworden. Natürlich gibt es auch jüdische »Anywheres« in Hülle und Fülle, und »Inbetweeners« erst recht, gerade unter den europäischen und amerikanischen Juden – ich habe vorhin einige einschränkende Bemerkungen zur Gültigkeit solcher Schemen gemacht. Aber der Gesamttrend ist deutlich. »Das Image des Juden verändert sich«, sagt Alain Finkielkraut, »inzwischen ist er der Verwurzelte.« Und zwar als Israeli.

Damit dürfte auch erklärt sein, warum Israel in Deutschland keinen sonderlich guten Leumund genießt. Beim hierzulande tonangebenden linken Milieu wird Israel als »rechter« Staat wahrgenommen. Dass die Israelis immer noch wie ein Volk agieren, das Wohlergehen der eigenen Landsleute wichtiger nehmen als das fremder Minderheiten und ihr Territorium rustikal verteidigen, widerspricht all den Buntheits-, Teilhabe- und *Diversity*-Vorstellungen der hiesigen Wortführer. In diesem Kontext gehört Israelkritik paradoxerweise zum staatsreligiösen deutschen »Kampf gegen rechts«, auch wenn man gerade den Rechten vorwirft, antisemitisch zu sein.

Die deutschen Progressisten erwarten von Israel, es möge sich die pazifizierte, auch gegen ihre Feinde tolerante, auf eigene Souveränität und Verteidigung weitgehend verzichtende, Selbsterhaltung für Rassismus haltende Bundesrepublik zum Vorbild nehmen. Allerdings wäre Israel, wenn es sich wie das heutige Deutschland aufführte, übermorgen von der Landkarte verschwunden. Man muss solche Empfehlungen also sehr ernst nehmen.

Da Israel als Staat der gebrannten Kinder stärker als alle anderen darauf beharren wird, ein auf Identität gegründetes Land, eben das Land der Juden zu sein, wird Israel wohl zum Feindstaat Nr. 1 der Globalisten und *One World*-Phantasten avancieren. Das heißt, man wird die Juden wieder hassen, diesmal nicht, weil sie überall verstreut, sondern weil sie in einem eigenen Staat leben. Aber sie werden Verbündete überall auf der Welt finden, vor allem in jenen Kreisen, die man heute als Rechtspopulisten bezeichnet.

Meine Damen und Herren, ich habe mir über Jahre den Ruf eines nicht besonders ernsthaften Menschen erarbeitet und will ihn heute nicht durch ein seriöses Ende aufs Spiel setzen. Lassen Sie mich also mit einer Pointe schließen. Vor kurzem hörte ich mir auf *YouTube* die israelische Nationalhymne an: »Hatikvah«, die Hoffnung. Der erste Kommentar darunter lautete:

»Hitler has left the chat«.

Ich danke für Ihre Aufmerksamkeit.

RÜCKBLICK AUF DAS JAHR 2019

Rede, gehalten auf der Weihnachtsfeier der AfD-Bundestagsfraktion am 18. Dezember 2019 im Marie-Elisabeth-Lüders-Haus des Bundestags

Meine Damen, meine Herren,

ich bin gebeten worden, heute eine kleine Ansprache zu halten, und zwar in Gestalt eines Jahresrückblicks. Ich bin darüber hinaus angehalten worden, meinen Ausführungen eine erträgliche Kürze zu verleihen. Das heißt, ich werde Ihnen keine so gründliche und ausgewogene Betrachtung bieten können, wie Sie es von den Retrospektiven der Öffentlich-Rechtlichen gewöhnt sind. Vielmehr greife ich unchronologisch und recht willkürlich zehn Ereignisse des vergangenen Jahres heraus, die mir aus der Rückschau besonders bemerkenswert erscheinen. Dass es keine Top Ten werden, liegt in der Natur der Sache – Top ist hier ja nicht mehr so viel.

Beginnen wir, *erstens* und naheliegenderweise, mit dem *Brexit.* Beziehungsweise dem Wahlsieg Boris Johnsons. Man muss zunächst festhalten, dass die Wahl exakt jenes zweite Referendum über den Brexit gewesen ist, das sich so viele Linke, Globalisten und Eurokraten nach dem ersten gewünscht haben. Und nun das! Gewissermaßen die vorgezogene Trump-Wiederwahl auf britisch! Wieder hat ein Ausland nicht auf die Ratschläge der deutschen Medien und Weltinnenpolitiker gehört.

»Die Gänse haben für Weihnachten gestimmt«, schnatterte es aus der dauererregten Kapitolswächterschar bei *Spiegel online.* »Politclown Johnson hatte die richtige Botschaft«, erklärte uns die *Welt* die Welt. Auffällig viele Clowns drängen erfolgreich in die Politik: Trump, Bolsonaro, Salvini, Johnson …

Es gibt eine auf *YouTube* verewigte Szene, wo Boris Johnson im TV das Proömium der *Ilias* rezitiert, im Originaltext versteht sich – *Μῆνιν ἄειδε, θεὰ, Πηληιάδεω Ἀχιλῆος,* zu deutsch ungefähr: Singe, Göttin, die Wut des eurokratischen Molochs –, denn der »Polit-Clown« hat die Kaderschmieden Eton und Oxford von innen gesehen und an Letzterer Klassische Altertumswissenschaft studiert. Johnson ist übrigens ein Nachkomme muslimischer Flüchtlinge. Sein Urgroßvater Ali Kemal war Bildungs- und Innenminister des Osmanischen Reiches, wurde 1922 auf Befehl Nureddin Paschas ermordet, woraufhin Johnsons Großvater Osman Ali nach London floh und dort den neuen Namen annahm. Von 1999 bis 2005 war Boris Johnson Herausgeber des *Spectator,* eines seit fast 200 Jahren erscheinenden konservativen Intelligenzblatts, zu dem bei uns leider kein Gegenstück existiert. Wenn man seine Blicke von Deutschland löst, finden sich noch Regierungspolitiker mit einem interessanten und hierzulande ganz unüblichen Pedigree, mit Lust an Witz, Provokation und spleenigem Auftritt. So etwas nennen deutsche Pressefatzkes dann: Clown.

Die Briten sagen sich also von der EUdSSR los, so wie sie sich bereits gegen die Europazwangsvereiniger Napoleon und Hitler gestellt haben. Der ständige Blick aufs freie Meer kann Wunder wirken. Gerade noch rechtzeitig, wird es einmal heißen, entsprangen sie dem Narrenfest der Zentralisten, selig auf ihrem Eiland geborgen. Die deutsche Trümmerfrau Ursula von der Leyen, die in diesem Jahr an die Spitze der EU gehievt wurde, dürfte mit ihrer Ankündigung, die EU werde in den nächsten zehn Jahren eine Billion Euronen für den sogenannten Klimaschutz verpulvern, »damit von 2050 an keine neuen Treibhausgase mehr in die Atmosphäre gelangen«, das britische Farewell durchaus forciert haben, wie zuvor auch die deutsche Kanzlerin mit ihrer Behauptung: »Wir können unsere Grenzen nicht schützen.« Mit jemandem, der zugibt, nicht ganz dicht zu sein, bleibt auch ein spleeniger Brite ungern im selben Club.

Aber eines muss ich natürlich kritisch anmerken: Die Ablösung des fidelen Jean-Claude Juncker durch Frau von der Leyen war ein Schlag ins Gesicht aller Alkoholiker.

Zweitens: Notre-Dame brennt

»Für die einen brannte in Notre-Dame ein Wahrzeichen Frankreichs, für die anderen ein Symbol der Herrschaft und Unterdrückung. Verdient eine brennende Kirche mehr Anteilnahme als Ertrinkende im Mittelmeer?«

Fragte am 1. Mai, die Rauchschwaden über Paris hatten sich kaum verzogen, das Leitmedium der Paläo-Konservativen, militanten Abendländer und Kommunistenesser, die pfahlbürgerliche *FAZ*.

Wer jetzt kein Abo hat, kauft sich keines mehr.

Mutmaßungen darüber, ob es nicht religiös motivierte Feuerteufel waren, die der berühmten Kathedrale an der Spitze der Île de la Cité den roten Hahn aufsetzten, wurden von *FAZ*-Herausgeber Kaube sofort unter rechtsextreme Paranoia rubriziert. Aber immerhin: Sollte Notre-Dame tatsächlich durch einen Kurzschluss außerhalb eines Radikalenköpfchens in Brand geraten sein, stünden wir endlich vor einem Phänomen, das seit 2015 vielfach beschworen, aber bislang nie erlebt worden ist: dem Einzelfall.

Es brannte ja nicht nur Notre-Dame. Anderthalb Monate zuvor war auf die Pariser Kirche Saint-Sulpice, die mit ihren beiden Türmen zu den markanten Gotteshäusern der französischen Hauptstadt gehört, ein Brandanschlag verübt worden. Das Feuer wurde an mehreren Stellen gelegt. Frankreich erlebt seit Jahresbeginn eine ganze Serie von Angriffen gegen katholische Kirchen. Auffällig oft stürzen die Täter Altarkreuze um, zerschlagen Heiligenfiguren und werfen Hostien auf den Boden – weshalb der Verdacht nicht unbegründet ist, dass christenfeindliche Ausländer, zum Beispiel sächsische Marxisten, hinter diesen Aktionen stecken.

Freilich, seitdem Menschen, die unsere Anteilnahme verdienen, in großer Zahl nach Westeuropa fliehen, um diesem Weltteil den Glauben zurückzugeben, werden immer häufiger Kirchen geschändet (im Orient sind solche mit Kreuzen beladene Unterdrückungssymbole ja oft schon kaputt).

Das meinte die *FAZ* womöglich mit ihrer kryptischen Bemerkung: »Für die einen brannte in Notre-Dame ein Wahrzeichen Frankreichs, für die anderen ein Symbol der Herrschaft und Unterdrückung.« In gewissen rasurbefreiten Internet-Zirkeln wurde das Feuer ja ausgiebig gefeiert.

Das führt uns zur Frage des Frankfurter Weltblatts: »Verdient eine brennende Kirche mehr Anteilnahme als Ertrinkende im Mittelmeer?«

Die im Mittelmeer Ertrinkenden bzw. Ertrunkenen sind freiwillig in wacklige Boote gestiegen und haben sich bewusst der Gefahr ausgesetzt. Diese Heilsbringer, Glücksritter und als Brückenköpfe des Familientransfers vorausgeschickten Ältersöhne wetten auf die moralische Erpressbarkeit der Christenmenschen. Sie spekulieren mitsamt ihren Schleppern darauf, dass die Nachkommen der Erbauer von Notre-Dame sie auffischen und in ihre Länder holen. Sie steigen ins Wasser und fordern: Rettet uns! Unzarte Gemüter könnten das Nötigung nennen.

Was nun aber die Verteilung der Anteilnahme betrifft: Es gibt auf der Welt bekanntlich weit über sieben Milliarden Menschen, aber nur eine Kathedrale Notre-Dame auf der Île de la Cité. Freilich bestehen gute Aussichten, dass, wenn eines Tages elf oder zwölf Milliarden erreicht sind, Raben und weiße Bettler in den Ruinen der Kathedralen hausen. Dann ist auch Schluss mit Anteilnahme.

Drittens: Der Chef der hessischen Filmförderung wird entlassen

Ich muss Ihnen gestehen, ich war überrascht, wie diszipliniert und gleichsam diktaturerprobt die deutsche Öffentlichkeit diesen Vorfall hingenommen hat. Hans Joachim Mendig, der Chef einer komplett aus Steuermitteln finanzierten Institution, trifft sich privat mit dem Vorsitzenden der größten Oppositionspartei und verliert deshalb seinen Job. Das klingt ja eher nach türkischen oder venezuelanischen Verhältnissen. Oder, wenn wir hiesigen Medien glauben, nach ungarischen.

Richten wir deshalb den Blick in Orbáns düsteres Reich. »In Budapest haben etwa 10 000 Menschen erneut gegen die ungarische Regierung des rechtsnationalen Ministerpräsidenten Viktor Orbán demonstriert«, meldete die *Tagesschau* am 5. Januar. »Nach einem Marsch durch die Innenstadt zogen die Regierungskritiker bei nasskaltem Wetter vor das Parlament.« Die Kundgebung, heißt es weiter, habe sich unter anderem gegen die einseitige und regierungsfreundliche Berichterstattung des staatlichen Rundfunks gerichtet.

Fehlt da nicht etwas? Gegenkundgebungen, Blockaden, der Schwarze Block? Polizeiabsperrungen, lautstarke Regierungsclaqueure, Angriffe auf die Demonstranten? Aufgebrachte Politiker, die den Oppositionellen vorwerfen, die Gesellschaft zu spalten? Zivilgesellschaftliche Initiativen gegen Hass und Hetze? Es-reicht!-Kommentare im Staatsfernsehen? Nichts. Alles verlief normal und friedlich.

Ich habe mal »Filmförderung in Ungarn« gegugelt und bin lediglich auf die Mitteilung gestoßen, dass die ungarische

Filmförderung angeblich ein Instrument der staatlichen Zensur gewesen sei – also anders als in Deutschland –, aber Anfang 2011 hochverschuldet aufgelöst wurde. Der Chef der ungarischen Filmförderung *ist* also längst entlassen worden. Dieser Orbán war schon wieder schneller.

Viertens: Die Erklärung der Vielen erscheint

»Überwältigende Zustimmung der Kulturschaffenden der DDR zur Politik von Partei und Regierung«: so lautete die Schlagzeile des *Neuen Deutschland* am 22. November 1976.

Nachdem sich über mehr als vier Jahrzehnte lang völkischer Nationalismus, Rassismus, Sexismus und Diskriminierung ungehindert in Deutschland ausbreiten konnten, haben unsere sozialistischen Kulturschaffenden endlich den alten Schneid wiederentdeckt. Mit der in gendergerechter Sprache verfassten »Erklärung der Vielen« stellten sie sich im März dem Rechtspopulismus entgegen! Einzelne Intendanten unterzeichneten die Erklärung gleich im Namen ihrer gesamten Belegschaft, ohne die Leute vorher zu fragen, denn Basisdemokratie kann sich in Zeiten wie unseren allenfalls die AfD leisten.

»Der verächtliche Umgang der Rechtspopulisten mit Menschen auf der Flucht, mit engagierten Künstler*innen, mit allen Andersdenkenden verrät, wie sie mit der Gesellschaft umzugehen gedenken, sobald sich die Machtverhältnisse zu ihren Gunsten verändern würden«, heißt es in der Erklärung. Sie schließt mit den Worten: »Die Kunst bleibt frei!«

Das setzt natürlich voraus, dass sie frei *ist*. Wir Rechtspopulisten denken gar nicht verächtlich, sondern im Gegenteil sehr hochherzig von »engagierten Künstler*innen«, so hochherzig nämlich, dass wir es mit deren Emanzipation völlig ernst meinen – *emancipare* heißt: einen Sklaven in die Selbstständigkeit entlassen. Rechtspopulisten bestehen darauf, dass gerade engagierte Künstler*innen aus der alimentierten Staatssklaverei entlassen werden, um sich ihre Engagements selber suchen und ihren Unterhalt selber verdienen zu können. Alles andere wäre doch eine Beleidigung ihrer künstlerischen Freiheit!

Apropos die Kunst bleibt frei: Um dieselbe Zeit, als die »Erklärung der Vielen« die dafür empfängliche Welt erschütterte, hat der Bürgermeister des Städtchens Monheim (NRW) den Auftritt eines (mir unbekannten) Kabarettisten namens Kay Ray verboten, weil er keine Veranstaltung dulde, die »die Grenzen des Diskurses in erheblicher Weise nach rechts verschiebt«. So ähnlich begründete ein paar Monate später der *MDR* seine Trennung von Uwe Steimle. Inzwischen heißt es sogar von Dieter Nuhr, obwohl der sich bei jeder Gelegenheit vorbildlich von der AfD distanziert, er sei mit seinen Gags zu weit gegangen.

Deutschland schützt zwar seine Landesgrenzen nicht, aber wenigstens die kabarettistischen Grenzen werden bewacht. Man sollte auf die Landkarten schreiben: Deutschland in den Satiregrenzen von 2019.

Fünftens: Claas Relotius wird enttarnt

Immer neue Details des Falls Relotius sickerten 2019 an die Öffentlichkeit. Der »Star-Reporter« mit dem Operettennamen hat nicht nur die Träume syrischer Kinder erfunden, denen des Nachts Frau Merkel als barocker Rettungsengel erschien, er hat sogar Reportagen geschrieben, ohne dafür den Schreibtisch zu verlassen. Beispielsweise ein Rührstück namens »Der Kapitän weint«, das an Bord eines Flüchtlings- bzw. Schlepperschiffs spielt und im Juli 2018 im *Spiegel* erschienen war. Der Kapitän allerdings weinte überhaupt nicht, sondern war erbost über die frei erfundene Story. Freilich teilte er das mit einer bemerkenswerten Verspätung mit. Warum empörte sich der Kapitän erst ein halbes Jahr später über die Märchenstunde? Und warum haben die drei Co-Autoren des Artikels, die eigentlichen Rechercheure der Story, ebenfalls geschwiegen?

Es muss eben erst einer den Stein bzw. Skandal ins Rollen bringen:

»Sieh da! Sieh da, Timoteus,
Die Enten des Relotius!« (Schiller)

In diesem Falle erledigte es eine amerikanische Internetseite, denn der Münchhausen von der Waterkant hatte auch das Innenleben einer amerikanischen Kleinstadt komplett erfunden. *Spiegel*-Chefredakteur Klusmann schaltete daraufhin in den Präventivkriegs-Modus und tat so, als sei man dem hauseigenen Fälscher intern und von selbst auf die Schliche gekommen. Auch das war eine Relotiade. Tatsächlich war es ein misstrauischer Kollege, der den Gauner durchschaut hatte, und der seine Erkenntnisse gegen den erbitterten Widerstand seiner Vorgesetzten, die zu Relotius hielten, verbreitete.

Übrigens: »Lügenpresse« war das »Unwort des Jahres 2014«. Raten Sie mal, wer 2014 CNN-»Journalist of the Year« wurde?

Sechstens: Der erste deutsche Flugzeugträger soll gebaut werden

Nachdem unter ihrer Ägide die Bundeswehr entwaffnet wurde, machte im März die Meldung die Runde, dass es die Heimsuchung aus der Uckermark plötzlich nach einem deutschen Flugzeugträger gelüstet. Möglicherweise hängt das mit den vielen Pannen ihrer Flugbereitschaft zusammen. Ein Flugzeugträger, das ist bekanntlich ein Schiff mit einem Flughafen oben drauf. Also praktisch der BER auf der Gorch Fock. Einstweilen befindet sich das ambitionierte Projekt deshalb noch in der Namensfindungskommission. Als Favorit gilt: die »Diversity«. – Stellen Sie sich die Schlagzeilen vor: China verweigert der »Diversity« die freie Fahrt. Russische U-Boote behindern die »Diversity«. – Noch mit im Namensrennen sind: die »Teilhabe« und die »Antirassimus«. Als bereits etwas abgeschlagen gelten: die »Süssmuth« und die »Regenwald«.

Siebtens: Immer mehr Bahnsteigschubser werden tätig

Nun ist Schluss mit lustig. Gewalttaten haben nichts mit Kulturen, Ehnien oder gar Rassen zu tun – höchstens, wenn weiße Täter ins Spiel kommen, mit Rassismus. Ansonsten ist die Herkunft eines Delinquenten egal, wie uns die Qualitätsmedien auch versicherten, nachdem ein Mitmensch aus zufällig Eritrea einen Achtjährigen und dessen Mutter aus zufällig Deutschland in Frankfurt vor einen einfahrenden ICE geschubst hatte. Dass in letzter Zeit öfter Leute vor einfahrende Züge geschubst werden, aber noch nie ein Biodeutscher ein Kind vor einen ICE gestoßen hat, ist kein Argument dagegen, denn es gibt auf Erden deutlich mehr Schwarze, die dergleichen ebenfalls noch nie getan haben, als Biodeutsche. Wenn Sie jetzt am Bahnsteig unruhig werden, weil Sie zwischen dem Gleisbett und einem dunkelhäutigen Mann stehen, oder wenn Sie als Frau vor einer Beziehung mit einem Afghanen oder Araber zurückschrecken, weil Sie etwas von Trennungen mit Messern gehört haben, dann sind Sie entweder Ihren Vorurteilen oder der rechtspopulistischen Hetze oder beidem zusammen auf den Leim gegangen und sollten sich gehörig schämen.

Während der willkommenskulturelle Leichenberg wächst, stellen verdienstvolle Zeitgenossen aus Politik, Kultur und Medien immer neue Vermutungen darüber an, aus welchen Gründen überhaupt gestorben wird. Die *FAZ* hat über den Frankfurter Wiederholungs-Einzelfall herausgefunden, dass letztlich der ICE, also praktisch die von Weißen erfundene Eisenbahn schuld ist und man die gefährlichen Züge hinter Gitter und Sperren verbannen sollte wie wilde Bestien im Zoo. Statt andere als Bestien generalzuverdächtigen.

Ähnlich argumentiert die Grünen-Verkehrsexpertin Valerie Wilms, die alle Fahrgäste aufforderte, sich niemals zu nah an ein Gleis zu begeben – zur Armlänge Abstand gesellt sich inzwischen die Waggonlänge. Ein anderer Grüner schlug vor, dass Züge künftig nur noch in Schrittgeschwindigkeit in die Bahnhöfe einrollen dürfen sollten.

Eine Ursache allerdings blieb unerörtert. Die Frage, wer die Mörder ins Haus ließ, ist schlimmer als der Tod.

Nach der »Tragödie in Frankfurt« – so lautet die Konsensformulierung einer Medienöffentlichkeit, wo eben auch keiner mehr weiß, was eine Tragödie ist – hat die AfD-Bundestagsabgeordnete Verena Hartmann den Tag von Angela Merkels Geburt – also den 17. Juli – verflucht und ist für diese Verwechslung vielfach gescholten worden. Offizieller Verfluchungstermin ist nach wie vor der 14. Juni, der Geburtstag von Donald Trump.

Achtens: Das Strache-Video erscheint

Von einem Politiker der erste Reihe erwartet man Suff, Weibergeschichten, Skandale, Anekdoten; das erwarten übrigens auch die Frauen; warum sollten sie den Kerl sonst wählen? Viele prominente Politiker haben diese Erwartungen erfüllt:

Strauss und Brandt, Mitterand und Chirac, John F. Kennedy und Bill Clinton, zu schweigen von Churchill, der zwar keine amourösen Affären hatte, aber ein Nepotist und Nassauer allerhöchsten Karats war.

Wenn der Chef einer populistischen Partei eine wonnige Maid anmacht, will ich als Voyeur rote Backen bekommen. Mindestens! Dann will ich Champagnerkorken knallen hören und ihn Austern aus ihrem Dekolleté schlürfen sehen! Im tadellos sitzenden Anzug natürlich. Und wenn er ihr etwas verspricht, muss es so schamlos sein, dass ich begeistert aufstöhne.

Und nun also der Ösi. Im Proleten-Shirt, irgendwelchen Billig-Schnaps mit Red Bull aus der Dose trinkend, auf Ibiza, halbblau einen auf dicke Hose machend. In einer angeblichen Villa, die aber eingerichtet war wie aus dem DDR-Möbelkombinat. Piefiger und peinlicher geht es kaum. Der eigentliche Skandal ist ein ästhetischer. Die Strafe folgte zu Recht.

Ich weiß nicht, ob Sie Tom Driberg kennen, einen Labour-Politiker aus den 50ern? Driberg ließ sich sowohl vom Londoner organisierten Verbrechen als auch vom KGB schmieren, er lebte auf vertrautem Fuße mit der Schickeria und der literarischen High Society. In den Pausen politischer Veranstaltungen veranstaltete er Sex-Parties und bekam Wutanfälle, wenn bei einer Rede nicht eine Flasche seines Lieblingswhiskys unter dem Podium stand. Wenn so einer auffliegt, muss weder er sich schämen noch das Publikum sich fremdschämen.

Darunter, meine Herren, sollten Sie es niemals machen.

Neuntens: Die Hl. Greta tritt auf

Es ist nicht jeder Generation vergönnt, der Geburt einer neuen Weltreligion beizuwohnen. Die Gretchenfrage kehrt in neuer Gestalt wieder: Wie hast du's mit der Klimakatastrophe? Freilich, der Heiland erhielt seine Missionsbefehle noch von Gott persönlich – der einzige Friday for Future sei der Karfreitag, erklärte der Schriftsteller Alexander Pschera –, und der Prophet Mohammed wurde über Gottes Vermittler, den Erzengel Gabriel, ins Bild gesetzt, während Greta mit den Direktiven von Onkel George vorlieb nehmen muss. Deswegen dürfte die Halbwertszeit des von ihr gestifteten Endzeitglaubens nicht besonders hoch sein. Sie wissen ja, schon die frühen Christen lebten in der ständigen Erwartung der Wiederkunft Christi und des Jüngsten Gerichts, und das tut die Christenheit nun seit 2000 Jahren. Man spricht von der sogenannten Parusieverzögerung. Die Apokalypse bleibt einfach aus. Und so wird es wohl auch den Zeugen Gretas ergehen. Die durch den Menschen hervorgerufene Gesamtweltverbrennung vermittels Temperaturanstieg, der *Klimacaust,* auch *Terracaust* oder *Biocaust* genannt, wird sich elend in die Länge ziehen, um schließlich ganz auszubleiben, und Klimatheologen werden abenteuerliche Erklärungen dafür erfinden müssen, die Claus Kleber dann im Altersheim mitmurmelt, während sein Nachfolger sie mit säuerlicher Miene im Senioren-TV vorträgt.

Der witzigste Effekt des Kinderkreuzzugs könnte darin bestehen, dass Deutschland den Atomausstieg zurücknimmt. Ein weiterer Kollateralnutzen kommt eventuell hinzu: Wenn diese Freaks es wirklich schaffen, den Verbrennungsmotor zu ächten, werden die Araber auf ihrem Öl sitzenbleiben und sukzessive verarmen. Dann würde wohl auch der subventionierte Moscheebau im Westen enden. Aber progressive Deutsche werden dann fordern, neue Islamkraftwerke eben aus Steuermitteln zu finanzieren

Zehntens: Wovor zittert Angela Merkel?

Es dürfte eines der letzten Geheimnis der DDR sein. Bei welchen Gelegenheiten Frau Merkel zittert, ist leicht zu beantworten: beim Abspielen der deutschen Nationalhymne. Bezeugen ihre Zitteranfälle also eine Hymnophobie? Dieses Syndrom ist ja in Deutschland nicht ungewöhnlich, wobei ich weniger an Özil, Boateng und Khedira denke als vielmehr an die Grünen. Beispielsweise am Abend des Mauerfalls im Bundestag. Während die Abgeordneten der anderen Parteien sich spontan erhoben und die Hymne sangen, saßen die kosmopolitischen Deutschlandallergiker befremdet herum und verstanden die Welt nicht mehr. Sie konnten ja nicht ahnen, dass damals eine Frau der Bundesrepublik beitrat, die zwei Jahrzehnte später alle ihre internationalsozialistischen Träume in die Tat umsetzen würde.

Sind Merkels Zitteranfälle eine Art freudscher Fehlleistung ihres Körpers?

Ein Problem mit den Nationalsymbolen des Landes, das sie angeblich vertritt, hat diese Frau schon länger. Jeder erinnert sich an die Szene, als Frau Merkel nach dem Wahlsieg 2013 dem Generalsekretär der Union, Gröhe, der sich anheischig machte, fröhlich mit einem Deutschland-Fähnchen zu wedeln, dasselbe mit angewiderter Miene aus der Hand riss und vom Podium entsorgte, woraufhin Gröhe, jeder Zoll und vor allem jedes Gramm ein offenbar sturheil demütigungsresistenter Speichellecker, mit Grinsen und fröhlichem Händeklatschen reagierte, anstatt sich die Dame mal zur Brust zu nehmen und zu fragen, ob sie nicht, erstens, gerade etwas übertreibe mit ihrer Matriarchatsprosa, und ob sie, zweitens, nicht irgendwie ihren Amtseid auf diese Fahne abgelegt habe.

Heute liegt die Vermutung nahe, dass unsere Abkanzlerin und Fremdenführerin nicht nur auf die Fahne, sondern auch die

Hymne dieses Landes allergisch reagiert. Bei ihrem hymnophoben Erzittern handelt es sich womöglich um ein Begleitsymptom einer immer mehr progredierenden Germanophobie. Im Grunde kann man es leicht behandeln durch die Abschaffung der alten und die Etablierung einer neuen, von Triggerwörtern wie »deutsch« und »Vaterland« gesäuberten Nationalhymne. Wahrscheinlich wird aber längst daran gearbeitet.

Ich wünsche Ihnen allen ein frohes Lichterfest!

ICH KOMME AUS DER DDR, ICH KOMME AUS DER ZUKUNFT!

Rede zum 30. Jahrestag des Mauerfalls,
gehalten unter dem Titel »Vom zweifachen Überleben der DDR«
am 30. Oktober 2019 im Mainzer Landtag
auf Einladung der AfD-Fraktion

Meine Damen und Herren,

ich habe ungefähr die erste Hälfte meines Lebens in der DDR verbracht – ich bin Jahrgang 1962 –; das heißt, mit jedem Jahr, das ich jetzt älter werde, überwiegt der bundesrepublikanische Teil meiner Biographie, doch manchmal denke ich, dass ich eines Tages bilanzieren werde: Ich habe das erste Drittel meines Lebens in einer Diktatur verbracht, das zweite Drittel in einer Demokratie, das dritte teils-teils. Seit geraumer Zeit beschleicht mich gar die Ahnung, es könne wieder in einer Art von DDR enden, einer DDR 2.0 sozusagen, einer smarteren, gewissermaßen upgedateten, in ein höheres Sein überführten DDR, aber eben doch einer semisozialistischen Erziehungsdemokratur auf rumpfmarktwirtschaftlicher Grundlage und mit zunehmend levantinischem Antlitz.

Wer hätte am 9. November 1989, als der von ideologischen Starrköpfen geführte Mauerstaat in so atemberaubender Geschwindigkeit zusammenbrach, unter den hinter dieser Mauer Eingepferchten gedacht, dass sie nicht einmal ein halbes Menschenleben später beobachten würden, wie ihr von ideologischen Starrköpfen geführtes Gemeinwesen nun *in Ermangelung* einer Grenze täglich ein bisschen weiter in Richtung Systemversagen steuert? – Keine Bange, wo alte Systeme zusammenbrechen, bilden sich automatisch neue, c'est la vie, sie werden wahrscheinlich ein bisschen primitiver sein, der IQ in den Ländern des Westens sinkt. Aber wer hätte es 1989 für möglich gehalten, dass eine offene, unkontrollierte, tödliche Grenze mit ähnlichem Starrsinn und ähnlicher Wut verteidigt wird wie ehedem der mörderische Eiserne Vorhang?

Hoppla, habe ich eben die mörderische DDR-Grenze mit der offenen Grenze der Bundesrepublik verglichen? Das ist eine Provokation, nicht wahr? Das meine ich nicht im Ernst, oder? Laut Berliner Staatsanwaltschaft sind bislang 270 durch DDR-Grenzsoldaten oder Grenzschutzanlagen unmittelbar zu Tode gekommene Menschen nachgewiesen. In 40 Jahren. Nach Auskunft des BKA haben sogenannte Flüchtlinge von 2015 bis 2018, also in vier Jahren, in Deutschland 234 Menschen getötet. Zählen wir die Opfer des laufenden Jahres hinzu, dürfte die Mord- und Totschlagsbilanz der »Geflohenen« jene der Mauerschützen bereits übertroffen haben. Wie Sie wissen, ist jede Klage über diese Blutspur, ja bereits der Hinweis darauf rassistisch, fremdenfeindlich und dunkeldeutsch. Der progressive Teil der Deutschen hatte ja bereits mit den Maueropfern keine Probleme. Oder wie die Antifa sich auszudrücken beliebt: Deutsche Täter sind keine Opfer!

Im offiziellen Slang der SED, also jener Partei, deren politische, juristische und finanzielle Erben heute im Bundestag sitzen, hieß die Knastmauer des Knaststaates DDR »antifaschistischer Schutzwall«. Die Partei, die früher auf jeden Flüchtling schießen ließ, fordert heute, dass jeder Flüchtling des Planeten nach Deutschland kommen dürfen soll, und zwar aus denselben antikapitalistischen, antiwestlichen Motiven, aus denen seinerzeit geschossen wurde. Der Witzstaat DDR mauerte sich damals angeblich gegen den sogenannten Faschismus ein, und heute beseitigt der übriggebliebene Witz von einem Staat namens Bundesrepublik seine Grenzen gegen den sogenannten Rassismus. Ein Land, das keine Grenzen mehr kennt, ist ein Land, das von der Karte verschwinden will. Die DDR schottete sich für den Weltfrieden ab, die Bundesrepublik öffnet für die Ideologie der friedlichen *One World* aller Welt die Beine.

Wem das unlogisch vorkommt, der hat nur die Elastizität und Anschlussfähigkeit linker internationalsozialistischer Politik nicht begriffen.

Ist Ihnen aufgefallen, meine Damen und Herren, dass in vielen Medienberichten zum Jahrestag des Mauerbaus am 13. August praktisch nicht mehr erwähnt wurde, wer eigentlich diese Mauer gebaut hatte und zu welchem Zweck? Und warum so viele DDR-Bürger ihren Staat verlassen wollten? Die Mauer war halt da, *und nu isse halt weg*, wie eine nicht ganz ungefährliche deutsche Politikerin sagen würde. Haben Sie irgendwo gelesen, dass die Menschen vor dem Sozialismus davongelaufen sind? Ist irgendwo beklagt worden, dass die direkte Nachfolgerin der Mauerbauerpartei heute im Bundestag sitzt, in vier Länderparlamenten mitregiert und in Thüringen sogar den Ministerpräsidenten stellt? Dass sie in den sogenannten neuen Bundesländern als Koalitionspartner der CDU im Gespräch ist? Im Gegenteil. Der Jahrestag des Mauer*baus* wurde für den Kampf gegen die rechte Opposition instrumentalisiert, wie auch der Jahrestag des Mauer*falls* für den Kampf gegen die rechte Opposition instrumentalisiert wird.

Bundespräsident Frank-Walter Steinmeier lud anlässlich des Mauerbau-Jubiläums ins Schloss Bellevue ein. Bürgerrechtler und Zeitzeugen, aber auch Journalisten und Politiker lauschten dort enthusiasmiert seiner Ansprache. Bei dieser Rede des Staatsoberhaupts müssen wir kurz verweilen, sie ist gar zu typisch. »Heute müssen wir an den Freiheitskampf von 1989 nicht nur erinnern, sondern wir müssen ihn, in unserer Zeit, aufs Neue führen!«, erklärte Steinmeier, und welcher achtbare Rechtspopulist würde diesem Satz nicht spontan applaudieren? Wovon aber mag der Sozi im Schloss Bellevue heute Deutschland oder womöglich die ganze Welt befreien wollen? Von den Rechtspopulisten natürlich. Also von Männern wie Trump oder Orbán, auch wenn er deren Namen nicht explizit nannte.

Hier ist ein kleiner Einschub fällig. Viktor Orbán begann seine politische Karriere als Vorsitzender der Jugendorganisation der Ungarischen Sozialistischen Arbeiterpartei. 1988 war er einer der Gründer des Bundes Junger Demokraten (Fidesz) und wurde landesweit durch eine Rede bekannt, die er anlässlich der Umbettung von Imre Nagy hielt, des Führers des Volksaufstandes von 1956. Als Sprecher der Universitätsjugend forderte Orbán damals bereits den Abzug der in Ungarn stationierten sowjetischen Truppen. Er gehörte zu den Politikern, die das paneuropäische Picknick vom August 1989 möglich machten, also jenen historischen Tag, an dem Ungarn den Eisernen Vorhang aufschnitt.

Was Frank Walter Steinmeier im August 1989 tat, entzieht sich meiner Kenntnis. Für die Ramponierung des Eisernen Vorhangs wird sein Treiben nicht besonders maßgeblich gewesen sein. 1980 hatte er ein Studium der Politikwissenschaft an der Justus-Liebig-Universität in Gießen begonnen, wo er Mitglied des AStA war. Während seiner Studienzeit gehörte er zur Redaktion der linken Zeitschrift *Demokratie und Recht,* die im *Pahl-Rugenstein Verlag* erschien, ein von der SED finanzierter Verlag, der unter Beobachtung des Verfassungsschutzes stand.

Es liegt also eine gewisse Konstanz in Steinmeiers Aversion gegen Orbán.

Die Hauptlehre aus 40 Jahren DDR ist für den Bundespräsidenten folgerichtigerweise der Kampf gegen die Opposition. Wer »das Gift des Hasses« in die Gesellschaft trage, stehe heute auf der falschen Seite der Geschichte, verkündete er von der richtigen Seite. »Wenn politische Gruppierungen im Wahlkampf versuchen, das Erbe von '89 für ihre Angstparolen zu stehlen, dann ist das eine perfide Verdrehung der Geschichte.«

Das war zumindest keine schlechte Selbstbeschreibung.

Kein Wort verlor Steinmeier dagegen zur Linkspartei, denn mit der koaliert ja seine eigene rote Truppe da und dort. Der Begriff »Sozialismus« kam in der Rede des sozialistischen Bundespräsidenten über den sozialistischen Mauerstaat nicht vor. Auch in der anschließenden Diskussion ging es vor allem um die AfD und ihren Wahlkampf in Ostdeutschland. Am Jahrestag des Baus des »antifaschistischen Schutzwalls« sprach man unter der Schirmherrschaft des antifaschistischen Bundespräsidenten über die Gefahr von rechts, nicht über linke Gewalt, nicht über linken Extremismus, nicht über die linke Diktatur in Mitteldeutschland und ihre Opfer. Die Mauertoten liegen im selben Massengrab der Namenlosen und Vergessenen wie die Opfer der Willkommenskultur. Sie liegen im selben Massengrab der Namenlosen und Vergessenen wie die Opfer der französischen Revolution, wie die Opfer Stalins, die Opfer Maos, die Opfer der Roten Khmer oder die Opfer der RAF. Sie sind nämlich allesamt Opfer von Verbrechen *für* die Menschlichkeit.

In der anschließenden Fragerunde sagte ein 16-jähriger Nachwuchsjournalist, an die Adresse Steinmeiers gerichtet: »Wir haben hier heute viel gehört über die Lehren aus der DDR im Bezug auf die AfD und Pegida. Die DDR war eine sozialistische Diktatur. Müssen wir nicht die Lehre aus der DDR ziehen: Nie wieder Sozialismus?«

Eine Antwort bekam der junge Mann auf seine Frage nicht. Aber dass heute Mut dazu gehört, eine solche Frage überhaupt zu stellen, dass niemand sonst in der Runde sie stellte und dass der junge Mann mit dieser Frage vielerlei Nachteile riskierte, im Sinne einer journalistischen Karriere, aber auch im Sinne einer Wiedereinladung, das alles zeigt uns, wie tief wir 30 Jahre nach dem Zusammenbruch des Realsozialismus schon wieder im sozialistischen Sumpf waten.

Die neue historische Erzählung, die Sie in nahezu sämtlichen Medien hören und lesen können, lautet: Im Herbst 1989 gingen die Menschen für Weltoffenheit und gegen Abschottung auf die Straße. Grenzen sind schlimm, und die Rechtspopulisten wollen heute wieder Mauern bauen. So wie des nachts alle Katzen grau sind, wurden im Zwielicht dieses neuen Narrativs alle Grenzen gleich. Die *Tagesschau* brachte es am 13. August fertig, den Stacheldrahtverhau um Honeckers Staatsgatter, an dem es, wenn du von drinnen ins Freie wolltest, den Fangschuss setzte, in einem Atemzug mit der israelischen Grenze und der amerikanischen Grenze zu Mexico zu nennen, also zwei Grenzen, mit denen Staaten ihr Hoheitsgebiet vor illegaler Einwanderung, Kriminalität und, was Israel betrifft, vor Terrorismus schützen. Diese lustigen Gesellen vom Staatsfunk wollen uns also einreden, dass es keinen Unterschied gibt zwischen *Niemand darf raus* und *Nicht jeder darf rein*. Dass es keinen Unterschied gibt zwischen einem Menschen, der seine Haustür abschließt, um selber zu entscheiden, wen er hereinlässt, und einem anderen Menschen, der jemanden in seinem Haus gefangen hält.

Wer glaubt diesen Figuren eigentlich noch irgendein Wort?

Meine Damen und Herren, dieser Vortrag trägt den Titel: Über das zweifache Überleben der DDR. Wer über das Überleben spricht, muss sich zunächst die Frage gefallen lassen, was überhaupt damit gemeint sein soll. Wie soll denn die DDR überlebt haben, wenn sie als Staat doch offenkundig verschwunden ist? Ich meine, sie hat überlebt, gerade *weil* sie als Staat verschwunden ist. Was aus Ländern wird, die sozialistische Staaten geblieben sind, können Sie in Kuba, Venezuela oder Nordkorea studieren. Die DDR war tot, doch gerade die marktwirtschaftliche Frischblutzufuhr hat den Zombie wieder fit gemacht.

Die Linke hat nämlich aus dem Zusammenbruch der linken Staaten, der realsozialistischen Staaten, eine Lehre gezogen. Wenn jeder sozialistische Staat der Erde aus wirtschaftlichen Gründen kollabiert, dann gibt es offenbar keine funktionierende linke Wirtschaft. Es gibt ja auch keinen linken Wirtschaftsteil in irgendeiner Zeitung, nicht mal der Wirtschaftsteil des *Süddeutschen Beobachters* ist links. Links sind die Feuilletons. Links sind die Politikredaktionen. Die ins Staatspolitische übertragene Folgerung daraus lautet: Lassen wir den Kapitalismus weiterleben, aber sorgen wir dafür, dass wir die kulturelle Hegemonie haben, dass wir die Öffentlichkeit beherrschen, dass wir den Sozialstaat kontrollieren, dass die Steuern möglichst hoch sind, dass möglichst viel umverteilt wird, wobei natürlich *wir* diese Geldströme kontrollieren müssen, damit auch möglichst viel in unsere Taschen fließt. Die Linke hat begriffen, dass sie den Kapitalismus nicht stürzen muss, um zu herrschen, was ja übrigens schon ein gewisser Herr Hitler begriffen hatte, in dessen Welt- und vor allem Staatsbild hinreichend viele sozialistische Elemente Eingang fanden. Die heutige Linke will nicht mehr der Widerpart des Kapitalismus sein, sondern sein Parasit. Die DDR konnte also durchaus überleben, obwohl sie als Staat zusammengebrochen ist.

Sozialistische Politik ist der Weg, über die Bevormundung Anderer an das Geld der Anderen zu kommen und es mit einem gewissen Mehrwert für die eigene Tasche an seine Klientel zu verteilen. Diese Klientel ist wandelbar; konstant bleibt lediglich, dass die Linke in ihrem Namen Forderungen stellt, denn die Klientel ist unmündig. Das heißt, die Linke muss ständig neue Betreuungskollektive auftreiben. Es begann mit den Proletariern, als deren Anwalt sich die Linke aufspielte, die aber mit dem Kapitalismus besser fuhren, weshalb sich die Linke neue Mündel suchen musste: die Frauen, die Homosexuellen, die Migranten, die Afrikaner, die Flüchtlinge. Mit dem Weltklima hat die Linke inzwischen den ultimativen Mandanten gefunden, einen Mandanten, der sich weder äußert noch davonlaufen will.

Schade eigentlich, dass man unseren linken Klimarettungs-Sanitätern die Atmosphäre nicht anvertrauen kann, auf dass sie zeigen dürfen, was sie draufhaben. Aber die realsozialistischen Staaten haben es ja schon demonstriert. Es gibt eine eindrucksvolle Karte des Ausstoßes von Schwefeldioxid – im Gegensatz zum Kohlendioxid ein wirklich giftiges Gas – in Deutschland 1989. Die DDR, speziell die Industriegebiete in Sachsen und Thüringen, liegt dort um ein Vielfaches vor der BRD. Ohne den Kapitalismus als Wirtstier bringt die Linke nur Unheil zustande. Johannes Gross hat das in die reizende Sentenz gefasst: Honecker musste 17 Millionen Menschen unterdrücken, um den Lebensstandard eines westdeutschen Handwerksmeisters zu erreichen, der 17 Mitarbeiter beschäftigt.

Auch unsere Linken, so viele Enthusiasten und nützliche Idioten in ihrem Unterstützerumfeld herumschwirren, wollen letztlich nur Geld, Macht, Immobilien und die besten Sexualpartner. In der besseren Gesellschaft mitspielen, nach oben rücken, bestimmen. Sie verschleiern das mit hochtrabenden moralischen Zielen, aber wenn ihre Selbstsucht und ihre Heuchelei enttarnt werden, wenn der Verlust der ergaunerten Privilegien droht, reagieren die linken Humanisten mit zähnefletschender Aggressivität. Sie schrecken vor keiner Lüge, keinem Rufmord, keiner Hexenjagd, ja auch vor Gewalt nicht zurück. Das erleben wir zur Zeit.

Als ein in der »ehemaligen« DDR Aufgewachsener – es gibt ja keine andere – sehe ich mich heute von einem Wald aus Déjà-vus umstellt. Zum Beispiel, wenn sich Kulturschaffende in öffentlichen Ergebenheitsadressen hinter die Politik der Staatsführung stellen und zum Kampf gegen die Opposition aufrufen. Oder wenn konformistische Aktionen wie die »Erklärung der Vielen« mit Geldern aus dem Kanzlerinnen-Etat bezuschusst werden.

Oder wenn eine Stasi-Zuträgerin wie Frau Kahane für ihre Bespitzelungs- und Denunziationsstiftung unter anderem mit meinem Steuergeld alimentiert wird, also auf meine Kosten meine Freiheit unterwühlt.

Oder wenn Kritiker der geduldeten und geförderten Einwanderung von überwiegend jungen männlichen Primär- oder Sekundäranalphabeten in der Medienöffentlichkeit behandelt werden wie in der DDR sogenannte feindlich-negative Subjekte, die am proletarischen Internationalismus und an der Sicherung des Weltfriedens durch den Warschauer Pakt zweifelten – wenngleich im smarten Gesinnungsstaat BRD die Konsequenz nur soziale Isolation und nicht gleich Isolationshaft heißt; soviel Differenzierung muss sein.

Oder wenn eine ehemalige SED-Genossin und DDR-Juristin, die vor der Wende gegen die »aggressivsten und reaktionärsten Kräfte des Monopolkapitals« anschrieb, Vorsitzende der *ARD* werden und ihren Job darin sehen konnte, »den Positionen der AfD den Boden zu entziehen«.

Oder wenn die Freie Deutsche Klimajugend zur Gruppenarbeit bittet: Wer nicht mitmacht beim »Klimastreik«, wer sich vom sozialistischen Kollektiv ausschließt, hat ein Problem, meldete unlängst sogar die *Berliner Zeitung*. Wobei allein die Verwendung des Begriffes »Streik« witzig ist bei Leuten, die nie gearbeitet haben.

Wie beim fernen Original, den roten Garden Mao Tse-tungs, marschieren die juvenilen Demonstranten *für* die Politik der Regierung und gegen die Opposition. Diese Rotgardisten *in statu nascendi*, die das Leben in vielen Städten teilweise lahmlegen und deren extremistischer Teil bereits mit Anschlägen im Namen des Klimas begonnen hat – wie man dem Klima nutzt, indem man Luxusautos zerstört, die dann abgewrackt, neu gebaut und neu ausgeliefert werden müssen, bleibt das Geheimnis solcher frühvollendeten Hochbegabten – , diese Lärmer und Hüpfer, die nie gearbeitet haben, rufen den Staat dazu auf, die Steuern zu erhöhen, Verbote zu verhängen und in das Privatleben der Bürger einzugreifen. Das heißt, sie rufen nach Unfreiheit und totalitärer Staatsführung. Was ist das anderes als der Ruf nach einer DDR 2.0?

Zugleich fordert die Regierung die Jugend auf, gegen den Lebensstil und die Freiheiten der Bürger zu protestieren. Das war in der DDR ähnlich. Dort schickten die Genossen ihren FDJ-Nachwuchs auf die Höfe von Bauern, die noch privaten Grund und Boden besaßen, um sie in die Genossenschaft zu nötigen. Dort stieg die FDJ den Bürgern buchstäblich aufs Dach und drehte Antennen um, die in Richtung Westen zeigten, damit sie kein Westfernsehen gucken. Freilich, wären damals Anja Reschke, Georg Restle und Claus Kleber schon auf Sendung gewesen, hätten die Leute ihre Antennen gar nicht erst Richtung Westen gedreht.

Wenn eine staatliche Institution wie die Hessische Filmförderung, die ihren Etat über das Hessische Ministerium für Wissenschaft und Kunst und den Hessischen Rundfunk aus Steuergeldern bezieht, den Geschäftsführer entlässt, weil der sich privat mit dem Vorsitzenden der größten Oppositionspartei getroffen hat (und aus der Presse nicht mal ein Grummeln zu vernehmen ist), was ist das anderes als eine DDR 2.0? Was früher der unerlaubte Westkontakt war, ist heute der verbotene AfD-Kontakt.

Wer erinnerte sich nicht an das alte, das originale *Neue Deutschland*, das Zentralorgan der SED, wenn der kanzleramtsnahe Berliner *Tagesspiegel* ein Hotel unter Druck zu setzen versucht, indem er über den geplanten Kongress einer Gruppe von Klimawissenschaftlern, die Zweifel an der Menschengemachtheit des Klimawandels hegen, schreibt: »Auf die Frage des Tagesspiegels, ob die Positionen des Vereins bekannt sind, wollte sich die Geschäftsführung des NH München Ost Congress Center nicht äußern. Eine Sprecherin des Unternehmens teilte mit, man distanziere sich ausdrücklich von der politischen Botschaft. ›Ein Leugnen des menschengemachten Klimawandels ist mit den Wertevorstellungen der NH Hotelgruppe nicht vereinbar.‹« Diese Konsensvollstreckungsgeilheit, diese blöde blinzelnde alternativlose Zukunftsgewissheit, während tatsächlich nur abgeräumt wird, was noch steht, diese ständige Massenmobilisierung, die Lagerbildung und Feindmarkierung, das flankierende Spitzel- und Denunziationswesen: Das riecht alles nach DDR.

Meine Damen und Herren, ich könnte jetzt über die Enteignungsphantasien von Kevin Kühnert referieren, der gesagt hat: »Ohne Kollektivierung ist eine Überwindung des Kapitalismus nicht denkbar.« Der also die Wende zurücknehmen will. Ich könnte über die Staatsquote, über Grunderwerbssteuer, Zweitwohnsitzsteuer, Mietdeckelung, Wohnraumbeschlagnahmung für Migranten, Meldepflicht beim Edelmetallkauf ab 2 000 Euro, schleichende Bargeldabschaffung und andere Indizien dafür sprechen, dass dieses Land immer sozialistischer wird. Aber was mich persönlich am meisten an damals erinnert, das ist der Gesinnungsdruck, das ist die alltägliche moralische Erpressung, das sind die feststehenden

Schmähbegriffe für diejenigen, die früher »Staatsfeinde« oder »Agenten des Klassenfeindes« hießen, das ist die Welt der zwei Zungen, eine für daheim, eine für die Öffentlichkeit. Ich bemerke es jedes Mal, wenn mich meine Kinder irgendetwas Politisches fragen, worüber in der Schule gesprochen wurde bzw. gesprochen wird. Was ich von Merkel halte etwa. Was ich von »Fridays for Future« halte. Ob Donald Trump wirklich so schlimm ist. Warum ich Reden für einen Politiker schreibe, den alle schrecklich finden. Ich erkläre dann in der Regel, dass ich die Dinge so und so sehe, aber dass sie sich ihre Meinung selber bilden sollen. Dass sie selber denken sollen! Meist füge ich noch hinzu, dass es nicht zwingend nötig ist, ihren Lehrern und Mitschülern von meiner Sicht der Dinge zu erzählen. Ich bin schließlich schon in frühester Jugend darauf dressiert worden, dass es besser ist, wenn andere nicht von meiner Sicht der Dinge erfahren. Ich komme ja aus der DDR. Ich komme aus der Zukunft.

Irgendwann Mitte der 70er Jahre, ich war damals dreizehn oder vierzehn Jahre alt, gewährte der Präsident der Akademie der Pädagogischen Wissenschaften der DDR, Professor Neuner, Mitglied des Zentralkomitees der SED, meiner Schulklasse eine Art Privat-Audienz, weil nämlich sein Töchterlein in diese meine Klasse ging. Die Sache fand in einem Konferenzraum der Akademie statt, und der Genosse Präsident erklärte, wir könnten ihn fragen, was wir wollten, niemandem werde eine Frage übelgenommen, und er werde versuchen, alles zu beantworten. Haben wir ihn also gefragt, warum wir nicht reisen dürfen, wie lange die Mauer noch stehen wird, warum ausgerechnet in einem Land, wo der Staatschef Dachdecker ist, so viele Dächer undicht sind, warum die Versorgung mit Südfrüchten so miserabel und die mit Büchern so lückenhaft ist? Also nach den wirklich mit Händen zu greifenden Übeln? Natürlich nicht. Wir waren bestens konditioniert. Meine Mitschüler fragten belangloses regimekonformes Zeug, das ich noch am selben Tag vergessen habe. Mir selber brannte eine Frage auf der Zunge, ich hätte mich zu gern nach dem Verbleib einer Rockband erkundigt, deren Musik ich damals sehr mochte und die quasi von einem Tag auf den anderen aus der sozialistischen Öffentlichkeit verschwunden war. Der Buschfunk sagte, sie sei verboten worden. In meinem Kopf rumorte die Frage: Stimmt es, dass diese Band verboten worden ist? Und warum? Ich musste nur den Arm heben und sie stellen, der Herr Präsident hatte schließlich versichert, es gäbe keine Tabus.

Mein Arm blieb unten.

Der Druck des Tabus entlädt sich zuweilen auf Um- und Schleichwegen. Damals in Ostberlin verlief das wie folgt: Ich befand mich abends auf dem Heimweg, in Begleitung eines Klassenkameraden. Als wir an unserer Schule vorbeiliefen, die große, fensterlose Wand des Hortgebäudes sahen und einen frisch gelieferten Haufen Briketts daneben, hatten wir beide denselben Gedanken, nämlich dass die kahle Wand einer gewissen Verzierung bedürftig sei. Wir kletterten über den Zaun auf den Schulhof, mein Freund griff sich ein Kohlestück und schrieb einen Spottvers auf den Schuldirektor an die Wand. Das schien mir irgendwie nicht anstößig genug, also setzte ich daneben den Satz: »Wir wollen Meinungsfreiheit!«

Tags darauf war die Aufregung groß und die Stasi in der Schule. Doch, gepriesen sei Allah!, niemand hatte unser sinistres Treiben am Vorabend beobachtet, und alle Ermittlungen verliefen im Sande.

Zwei typische DDR-Geschichten. Doch dass man *coram publico* aufgefordert wird, etwas auszusprechen, und sei es nur als Frage, was einem unter den Nägeln brennt, und man es wegen der kalkulierbaren Folgen lieber lässt – so etwas ist im besten Deutschland, das es je gab, plötzlich wieder Alltag. Mit einer einzigen falschen Bemerkung kann man sich heute die Karriere verderben, den Studienplatz riskieren, den Job verlieren, den Bekanntenkreis halbieren. Aber auch – wir wollen immer zwischen DDR und BRD differenzieren – ein halbwegs bekannter Autor werden, der eine vielgelesene Webseite betreibt und auf Veranstaltungen der einzigen Oppositionspartei sprechen darf. Und sich von seinem Honorar teure Rotweine kauft. Irgendwer muss ja noch ein bisschen Dekadenzbewusstsein zeigen.

Wenn ich die Fragerunden der Bundeskanzlerin mit sorgfältig vorsortierten Bürgern sehe, muss ich an mein Schweigen vor dem SED-Professor denken. Auch heute sind alle Fragen selbstverständlich erlaubt – die Konsequenzen sind Ihre Sache. Ein Schüler, der heute »Es lebe die AfD!« oder »Grenzen schließen!« an eine Schulwand schriebe, bekäme erhebliche Scherereien. »Greta for President!« oder »Refugees welcome« wäre dagegen unproblematisch.

Vor dreißig Jahren, als diese verfluchte Mauer gefallen war, glaubte ich, fortan in einem freien Land leben zu dürfen. Das war naiv. Bärbel Bohley sah die Entwicklung schon damals weit klarer.

»All die gründliche Erforschung der Stasi-Strukturen, der Methoden, mit denen sie gearbeitet haben und immer noch arbeiten, all das wird in die falschen Hände geraten«, prophezeite sie im Frühjahr 1991. »Man wird diese Strukturen genauestens untersuchen – um sie dann zu übernehmen. Man wird sie ein wenig adaptieren, damit sie zu einer freien westlichen Gesellschaft passen. Man wird die Störer auch nicht unbedingt verhaften. Es gibt feinere Möglichkeiten, jemanden unschädlich zu machen. Aber die geheimen Verbote, das Beobachten, der Argwohn, die Angst, das Isolieren und Ausgrenzen, das Brandmarken und Mundtotmachen derer, die sich nicht anpassen – das wird wiederkommen, glaubt mir. Man wird Einrichtungen schaffen, die viel effektiver arbeiten, viel feiner als die Stasi. Auch das ständige Lügen wird wiederkommen, die Desinformation, der Nebel, in dem alles seine Kontur verliert.«

Das ständige Lügen, die Desinformation, der Nebel: Ich erinnere an die »Fachkräfte«, die zu Hunderttausenden zu uns ins Land strömen, an die Ärzte und Ingenieure, die ein neues Wirtschaftswunder ins Werk setzen sollten, an die permanenten Geld- und Brieftaschenfunde sogenannter Flüchtlinge und die prompte Zurückerstattung der Funde an die schusseligen eingeborenen Besitzer. Ich erinnere an die Propaganda, dass »Flüchtlinge nicht krimineller als Deutsche« seien – sind sie auch nicht, sie begehen nur ungleich mehr Straftaten –, und dass jeder, der etwas anderes behauptet, ein Rassist sei. Oder an die polyphon vorgetragene Lüge, dass sich unter den Schutzsuchenden keine Terroristen befänden. Oder an die notorisch vorgebrachte Behauptung, die Anschläge von Terroristen, die sich auf den Islam berufen, hätten nichts mit dem Islam zu tun. Und, und, und.

Ein Lügenmeer, ein Desinformationsozean, eine landesweit wabernde Nebelbank.

Allein der Begriff »Flüchtling« ist Desinformation, denn die meisten dieser jungen Männer sind Glücksritter und Desperados, die sich die Überfahrt einiges kosten lassen, wie auch der neue Begriff »Klimaflüchtlinge« Desinformation ist, es sei denn, gerade junge fitte Männer sind besonders klimafühlig.

Jeder Tag beschert uns irgendeine neue Halbwahrheit über Donald Trump, den Weltfeind Nr. 1, der schon bei seiner Wahl keine Chance hatte und seither praktisch jeden Tag vor seinem politischen Ende steht. Oder über Viktor Orbán, der angeblich in seinem Land die Opposition und die Medien unterdrückt, aber mir ist nicht bekannt, dass der Chef der ungarischen Filmförderung entlassen worden ist, weil er den Vorsitzenden einer Oppositionspartei privat zum Essen getroffen hat. Mir ist auch nicht bekannt, dass in Ungarn Vertreter der Regierungspartei ein Hotel dazu aufgefordert haben, keine Räumlichkeiten an eine jüdische Gruppierung zu vermieten, weil sie die Opposition unterstützt. Oder dass mitten in Budapest arabische Rapper auftreten, die in ihren Texten von der Bombardierung Israels träumen.

Was mag Herr Orbán also für schlimme Dinge tun, dass deutsche Regierungsvertreter und Journalisten ihn so hassen? Nun, zum Beispiel hat der üble Ungar Folgendes geäußert: »1989 wollten uns viele von der Grenzöffnung abraten. 1989 wollten viele Helmut Kohl von der deutschen Vereinigung und der NATO-Mitgliedschaft des einheitlichen Deutschland abraten. (...) Heute sehe ich europäische Politiker, die damals gegen die deutsche Vereinigung waren und uns heute über die europäische Gesinnung belehren wollen.«

Also sprach Orbán in seiner Festrede auf einer Veranstaltung der Konrad-Adenauer-Stiftung unter dem Titel »Budapester Europa-Rede – Erinnerung an Dr. Helmut Kohl« ab 16. Juni 2018 in Budapest.

Der ungarische Regierungschef erklärte außerdem: Als die EU-Kommission, genauer: ihr damals noch allzeit beschwingt amtierender Präsident Jean-Claude Juncker, den dahingeschiedenen Máximo Líder Fidel Castro als einen »Helden für viele« gepriesen habe, sei das für viele Ungarn ein peinlicher Moment gewesen. »Wir haben das geschluckt. Aber dass man auch noch Karl Marx feierte, nun, das ist uns im Hals steckengeblieben, das ist für uns unfassbar. Marx hatte die Liquidierung des Privateigentums verkündet, hat die Auslöschung der Nationen verkündet, hat die Auflösung des traditionellen, tausendjährigen Familienmodells verkündet, hat die Abschaffung der Kirche und des Glaubens verkündet, und hat schließlich den modernen Antisemitismus geschaffen, indem er als die Quintessenz des zu liquidierenden Kapitalismus den Juden als solchen markiert hat.«

»Was«, fragte Orbán, »gibt es daran zu feiern? Wer hat den Verstand verloren? Denn jemand hat ihn verloren, das ist sicher, entweder sie oder wir.«

Aber wie Dieter Bohlen gesagt hat und vorher schon Joseph Heller im Roman *Catch 22*: Mach mal einem Verrückten klar, dass er verrückt ist.

Orbán bezog sich auf das Marx-Denkmal in Trier, ein, wenn die Formulierung gestattet ist, Danaergeschenk der Chinesen. Es verfärbt sich übrigens aufgrund irgendwelcher chemischer Prozesse derzeit grün. Zumindest als Denkmal geht Marx also mit der Zeit.

Aber Sie wollen doch, höre ich bisweilen, Sie wollen doch nicht die Zustände in der DDR mit dem besten Deutschland aller Zeiten vergleichen? Nein – gewollt habe ich es nie. Aber ich tu's seit Jahren. Es drängt sich einfach auf. Vergleichen heißt ja nicht gleichsetzen. Ein Vergleich legt auch die Unterschiede offen; deswegen vergleicht man ja. Natürlich gibt es Unterschiede. Das sehen Sie allein daran, dass die *Aktuelle Kamera* nur noch eine Viertelstunde dauert statt wie früher eine halbe. Die Opposition sitzt heute im Bundestag und nicht im Knast – wobei jeder einzelne AfD-Abgeordnete davon ausgehen kann, dass er nach seiner Parlamentarierzeit draußen ungefähr so behandelt wird, wie ein DDR-Regimekritiker nach seiner Gefängniszeit behandelt wurde: als Aussätziger. Stasiakten werden nicht mehr heimlich geführt, sondern für jedermann einsehbar bei *Wikipedia*. Die Polizei verfolgt die Opposition nicht, sondern beschützt sie – zumindest einstweilen noch – vor der im Namen der Toleranz aufgehetzten Zivilgesellschaft.

Der wichtigste Unterschied besteht freilich darin, dass man aus der Bundesrepublik jederzeit ausreisen kann. Allerdings hat die Linkspartei schon einmal sachte vorgeschlagen, eine Steuer auf die dauerhafte Ausreise zu erheben, sozusagen eine neue Reichsfluchtsteuer. Immerhin entzieht sich ein Auswanderer ja der Volksgemeinschaft und ihren Menschheitsaufgaben Klimarettung, Diversifizierung und fortgesetztes Wir-schaffen-das!

Meine Damen und Herren, in all diese ernsten Scherze will ich sicherheitshalber die Bemerkung einflechten, dass der Vergleich DDR-Bundesrepublik auch seine Grenzen haben muss. Die DDR war ein Drecksstaat, eine gemeine Diktatur, ein Großkombinat zur Abrichtung von Untertanen, ein Schurkenstaat mit einem Schurkengeheimdienst, ein Spitzel- und Polizeistaat, ein XXL-Knast für 17-Millionen Insassen. Eine Veranstaltung wie diese wäre dort undenkbar gewesen. Hier kann ich meine Sicht der Dinge öffentlich mitteilen.

Wenn ich solche Vergleiche anstelle, dann vor allem, um mein Befremden darüber zum Ausdruck zu bringen, dass der Schoß immer noch fruchtbar ist, dass er nur 30 Jahre nach dem Zusammenbruch der Ostblock-Diktaturen munter neue Enteigner, Kollektivisten, Denunzianten und Verfolger hervorkreißt. Wenn ich DDR und BRD vergleiche, dann vor allem deshalb, weil ich meinen bescheidenen Beitrag dazu leisten will, dass diese Republik halbwegs freiheitlich und vor allem ein Rechtsstaat bleibt.

Meine Damen und Herren, ich sprach aber vom *zweifachen* Überleben der DDR. Was ist damit gemeint? Wahrscheinlich können Sie es sich denken. Es haben ja nicht nur FDJ-Sekretärinnen in Führungspositionen, Politkommissare, protestantische Staatskirchenpfaffen, Spitzel, Stasi-Kader für die Antifa-Ausbildung, Fachkräfte für Zersetzung, Westlinkenfinanzierer, TV-Moderatorinnen und eine ganze Staatspartei mitsamt ihres verschobenen Vermögens überlebt, sondern auch die normalen Menschen des Ostens, von denen heute viele gegen sozialistische Verheißungen immun sind, ungefähr wie man immun gegen die Masern ist, wenn man sie einmal durchgestanden hat. Es hat nicht nur die sozialistische Mentalität überlebt, die antibürgerliche Mentalität, die Kollektiv- oder Herden-Mentalität, die Mucker- und Maulkorb-Mentalität, die Sozialneid-Mentalität, die Gleichheit über Freiheit stellende Mentalität – und dieser Mentalität seufzte im Westen ein großes artverwandtes Soziotop entgegen –, sondern es hat auch die Mentalität des Trotzes, des Aufmuckens, des sich-nicht-mehr-hinter-die-Fichte-führen-Lassens, des Selberdenkens, der Skepsis gegenüber einer moralisierenden und Parolen ausschreienden Führung, des Nonkonformismus und der Ideologieresistenz überlebt. Nicht nur Maybrit Illner kommt aus der DDR, sondern auch Katrin Huß, nicht nur Durs Grünbein, sondern auch Uwe Tellkamp, nicht nur Wolfgang Thierse, sondern auch Vera Lengsfeld.

Bei den Wahlen in Sachsen, Brandenburg und Thüringen hat sich das renitente ostelbische Milieu wieder präsentiert. Die Wahlen im Osten legten Zeugnis ab von einer erfolgreichen

Immunreaktion. Von der DDR lernen heißt, sich nicht mehr reinlegen zu lassen.

Wie Sie wissen, gibt es aber noch eine ganz andere Lesart. Da sind die ostelbischen Falschwähler allesamt frustrierte, fremdenfeindliche, demokratieunfähige Vollpfosten, völkisch-autoritäre Charaktere und unaufgeklärte Verlierernaturen, gegen die von allerlei gruppenbezogenen Tabus umstellte deutsche Öffentlichkeitsarbeiter endlich einmal ihre Hassgefühle ausleben dürfen. Sie stellen die Ossis als widerspenstig, undankbar, unmündig und böse dar – klassische Gouvernanten-Aussagen.

Ich erinnere an den Tweet eines *Spiegel*-Redakteurs: »Ich höre heute mehrfach, ich solle die Ostdeutschen ›endlich ernst nehmen‹. Entschuldigung, ihr kamt 1990 mit ’nem Trabbi angeknattert und wählt heute mehrheitlich AfD – wie, bitteschön, soll ich euch da ernst nehmen?«

In seiner *ZDF*-Sendung meinte der Fernsehmitarbeiter Jan Böhmermann zur Landtagswahl in Sachsen: »Das einzige, was dieses Bundesland noch retten kann, ist eine Koalition aus Roter Armee und Royal Air Force.«

Hier war unser dem Zeitgeist voranhechelnder TV-Kasper nicht ganz auf der Höhe, denn sowohl die Luftwaffe der Brexit-Briten als auch die russische Armee stünden heute ja eher auf Seiten der Sachsen. Aber das nur am Rande.

In der Sendung *Nightwash* des *WDR* empfahl ein Mädel namens Maria Clara Groppler, ihrer Selbsteinschätzung nach Komödiantin, die braunen Chemnitzer mit Napalm zur Vernunft zu bringen. Solche Vernichtungsphantasien werden nicht irgendwo diskret in roten Parteilokalen oder an grünen Bionadetresen vorgetragen, sondern im gebührenfinanzierten öffentlich-rechtlichen Fernsehen.

Die ostdeutschen Mündel gehorchen nicht, und da man sie nicht direkt schlagen kann, werden sie mit Verachtung und Stigmatisierung bestraft. Vor allem bestreitet das tonangebende Milieu den Ostdeutschen, die westlichen Vormünder kritisieren zu dürfen, man bestreitet den Ostdeutschen, dass sie seit 1989 eigene Erfahrungen gesammelt und daraus Schlussfolgerungen gezogen haben. Zum Beispiel mit dem ständig vorgebrachten Scheinargument, wie man im Osten denn gegen die Masseneinwanderung sein könne, es gebe dort doch kaum Migranten. (In den Gefängnissen übrigens durchaus.)

»Hirschfeld in Brandenburg: Null Flüchtlinge, aber 50,6 Prozent AfD«, wunderte sich exemplarisch der *Tagesspiegel*. Ich erlaube mir, dagegenzuhalten: Leipzig, Wahlkreis 31: Null Quadratmeter brennender Regenwald, aber 29 Prozent Grüne. Merkwürdig, nicht wahr? Und wie viele Atomkraftwerke waren in Deutschland eigentlich in die Luft geflogen, als der Ausstieg beschlossen wurde?

Die ostdeutschen Falschwähler haben kapiert, dass im Westen alles besser war, sogar die Gehirnwäsche. Zumindest glaubt kein sächsischer Busfahrer, wovon der Bremer Politologe und der Hamburger Medienschaffende durchdrungen sind: Dass er Schuld trägt am Elend der Dritten Welt und mit seiner Abluft zum Abschmelzen der Polkappen beiträgt.

Die ostdeutschen Falschwähler haben begriffen, dass die EU mittlerweile ein Moloch geworden ist, der fast schon so autoritär, freiheitsbeschneidend und für sie unerreichbar agiert wie früher der Warschauer Pakt. Im deutschen Willkommenswahn 2015 haben sie erkannt, dass der Merkelismus Züge eines Amoklaufes trägt, vor dessen Folgen man sich schützen muss. Die ostdeutschen Falschwähler haben begriffen, dass ein politischer Apparat, dessen Sprechpuppen Phrasen wie »Bunt statt braun«, »Vielfalt statt Einfalt«, »Wir bekommen plötzlich Menschen geschenkt«, »Scheitert der Euro, dann scheitert Europa«, »Menschlichkeit kennt keine Obergrenze« und neuerdings »Wir wollen kein CO2 mehr« daherplappern, so unglaublich infantil und verblödet ist, dass die Marxismus-Dozenten der DDR daneben plötzlich so prätentiös wie griechische Statuen wirken.

Meine Damen und Herren, ich komme zum Ende. Der Anlass dieser Rede ist ein froher: Ein elendes Regime ist vor 30 Jahren zusammengebrochen. Freilich, stünde die Mauer noch, wäre Merkel nicht Bundeskanzlerin; wir müssten ihr honeckerhaftes Stummeldeutsch nicht bundesweit hören, Volksfeste müssten nicht mit Merkellego geschützt werden, und unser Land wäre nicht mit Windrädern zugestellt. Allerdings wäre Brüssel bei der Uniformierung Westeuropas wahrscheinlich schon viel weiter. Und ich hätte nicht bei Ihnen auftreten können.

Lassen Sie mich mit meinem Lieblingswitz aus der DDR schließen. Treffen sich zwei SED-Genossen. Sagt der eine zum anderen: Warum warst du eigentlich nicht auf der letzten Parteiversammlung? Der erwidert: Hätte ich gewusst, dass es die letzte ist, wäre ich gekommen.

Ich danke Ihnen.

LICHTSCHLAG IN DER EDITION SONDERWEGE

Michael Klonovsky
LEBENSWERTE
Über Wein, Kunst, High-Heels
und andere Freuden

Dieses Buch geht der Frage nach, wofür es sich zu leben lohnt. Es geht fast immer um Genuß, häufig auch um Form und Haltung, aber nie um Luxus. Es geht um Handfestes und Konkretes, aber nie um die wertlose Münze abstrakten Zeitgeistgeklingels. Die Frage nach den Lebenswerten beantwortet der Autor mit einer ins Aphoristische gesteigerten Lebensklugheit, mal amüsant, mal polemisch. Sein Kompendium umfaßt Lebenswerte von »Gastronomie« bis »Ungleichheit«, von »Bücher« bis »Selbstironie«, von »Klaviermusik« bis »Radfahren« und von »Anzüge« bis »Schweigen«. Neu in dieser Ausgabe sind die Einträge »Fußball«, »Hörbücher«, »Kirchen« und »Speisewagen«. – Peter Sloterdijk pries die vibrierende Sprache von Klonovskys Feuilletons, und Martin Mosebach zufolge beschreibt dieses Buch »eine ganz eigene Art zu sein«.

»Solange Menschen Wein und Oliven anbauen, Sprachen lernen, Gedichte lesen, beim ersten Sonnenstrahl Tische auf die Straße stellen, solange Glocken läuten, zwischen all den Rentnern hin und wieder ein Kind auftaucht, irgendwo auf einem Klavier Bach gespielt wird und Frauen sich zurechtmachen, bevor sie das Haus verlassen, ist nichts verloren.«
Michael Klonovsky

160 Seiten, Klappenbroschur mit Fadenheftung
ISBN 978-3-944872-01-8

www.manuscriptum.de

AUS DER EDITION SONDERWEGE

Michael Klonovsky
LAND DER WUNDER
Roman

Johannes Schönbach, Geistesmensch und Bonsai-Casanova, trinkt sich durch eine von Alkoholikern, Spaßvögeln und Bonzen bevölkerte Kloake namens DDR. Er versucht zu vergessen, daß die Ostberliner Spitzenschönheit Katja Kommerell anscheinend nur mit SED-Mitgliedern – jedenfalls nicht mit ihm – ins Bett steigt. Als man den Philologie-Studenten wegen unliebsamer Äußerungen zu einer Hilfsarbeiterexistenz in einem Schnapslager verdammt, schwindet ihm der Daseinssinn vollends. Nach dem Novemberwunder 1989 betritt Schönbach ein von Selbstdarstellern, Gesinnungshuren und Endverbrauchern bevölkertes Casino namens Bundesrepublik, vertauscht seine Ost-Berliner Klause mit einem Münchner Penthouse und bringt es auf skurrile Weise zu einem Vermögen. Doch damit enden die Wunder im Leben des notorischen Katja-Kommerell-Wiederfinders noch lange nicht …

544 Seiten, gebunden, mit Leseband
ISBN 978-3-944872-26-1

www.manuscriptum.de

AUS DEM LANDTVERLAG

Rolf Peter Sieferle
FINIS GERMANIA

Der Universalgelehrte Rolf Peter Sieferle hat mit dem posthum veröffentlichten *Finis Germania* seine Nachtgedanken zur Lage Deutschlands hinterlassen. In dreißig inhaltsschweren und tiefgründigen, teilweise fragmentarischen Kurztexten beleuchtet er ohne Rücksicht auf Thementabus und medial verabredete Sprachregelungen Deutschlands jüngere Vergangenheit und Gegenwart und wirft einen abgründigen Blick in die Zukunft. So beschreibt er als mentalen Kern eines politisch flächendeckend ausgewucherten »Sozialdemokratismus«, daß »Differenzen aller Art für schlechthin unerträglich gelten« und die proagierte Lösung des Individuums aus seinen Verbindlichkeiten in der Vorfahren-Nachfahren-Kette als dessen Trennung »von seinen Ahnen, von der Geisterwelt, vom Absoluten.« Der »Mythos VB« (= Vergangenheitsbewältigung) benannte Teil des Buches führte schließlich zu einem Medienskandal. Der Autor wurde diffamiert, der Inhalt (absichtlich oder aus Dummheit) falsch verstanden und das Buch aus den Bestsellerlisten entfernt. Letztlich hat dieser unerhörte Vorgang jedoch zu dem Riesenerfolg von *Finis Germania* beigetragen. Eine von uns lizensierte Ausgabe des Buchs erschien 2017 im Verlag Antaios. Im Landtverlag veröffentlichten wir 2019 eine neue Auflage des Titels, vermehrt um ein Nachwort von Thomas Hoof, das den Medienskandal um Buch und Autor bissig nachzeichnet.

128 Seiten, gebunden
ISBN 978-3-944872-90-2

www.manuscriptum.de

Edition Sonderwege
© Manuscriptum Verlagsbuchhandlung
Thomas Hoof KG · Lüdinghausen und Neuruppin 2020

Korrektorat: Stefan Till Schneider

ISBN 978-3-948075-63-7
www.manuscriptum.de